Courageous Teachers
Developing a New Authority to Cope with Violence and Chaos

做勇敢的老师

[以]哈伊姆·奥梅尔 Haim Omer 著
[芬]李红燕 译

目　　录

001　前　言

001　第一章　建立教师的新权威

015　第二章　教师在场感

039　第三章　教师与家长的联盟

087　第四章　教师之间的合作

129　第五章　校长的角色

155　第六章　超越制裁

195　总　结　如何实施

前　　言

几年前，一本取名为《教师仇恨者之书》的书籍在德国出版，引起了轩然大波。这本书将教师描述为低等、无价值、懒惰、无知和傲慢的人，是一群不知道如何对待孩子的人。我在想，这样一本书不仅出版了，而且还能"畅销"，对我们的社会和文化意味着什么？

我问自己，是否有出版商敢于出一本《教师支持者之书》？这正是我写作本书的目的——试图帮助教师摆脱职业困境，尤其是摆脱由于公众敌意而引发的困境。虽然没有真的为这本书取名为《教师支持者之书》，但这本书的目的就是找到解决教师困境的办法，并用积极的方法强化他们在公共教育领域中的地位和权威。我们希望强化教师的权威，但不是指恢复以前盛行的盲目权威，而是希望帮助教师变得不那么孤独，能够得到更多的支持，得到更多的保护，更加团结，有更多的好办法。

强化教师的权威不仅仅是为教师好，它对我们每个人都至关重要。强化教师的权威对于在学校读书的孩子至关重要，因为如果老师没有足够的权威以便在学校制定规则，霸凌者就会占领这个阵地；它对父母也至关重要，因为父母的权威和教师的权威密不可分。在这本书里，我们将澄清并说明教师和家长可以通过采取一致行动来相互支持、加强彼此的地位；以及反过来，当家长和老师互相攻击时又是如何削弱彼此力量的。

大约二十年前，在我出版了第一本关于恢复家长权威的书籍之后，许多教育工作者找到我，请我写一本关于恢复教师权威的补充读本。我花了很多年的时间在以色列以及其他一些国家的几十所学校进行探索，寻找有效的方法。这本书就来自我和我的学生们多年来与教师、校长、学校顾问、家长委员会、非正规教育专业人员以及寄宿机构和治疗机构工作人员的密切合作之总结。在家校关系的关键领域里，我们制定了旨在改善教师、家长和孩子之间合作的工作原则与模式，并在小学、初中、高中乃至幼儿园里成功地实施了这些原则。在所有这些环境中都能强烈地感受到，人们需要一些原则和相应的工具来合法地强化教师的权威。

从我第一本关于强化家长权威的书籍出版到现在，情况已经发生了很大的变化。那时候，强化家长权威的愿望是不符合政治正确的。但需求摆在那儿是无法否认的，那本书连续数月出现在畅销书榜单上的事实就证明了这一点。许多软弱无助的家长感到被理解了，并找到了解决困难的办法。对这一方法的广泛研究发现，以书中描述的方式重新获得家长的权威可以显著改善孩子的状况。[1] 不仅暴力、辍学、

---

[1] Schorr-Sapir, I., Gershy, N., Apter, A., & Omer, H. (2021). "Parent-Training in Non-Violent Resistance for Children with Attention Deficit Hyperactivity Disorder: A Controlled Outcome Study". *European Journal of Child and Adolescent Psychiatry.* doi 10.1007/s00787-021-01723-8

傲慢和危险行为等外在的行为问题减少了，孩子们内在的焦虑、抑郁和孤独程度也减轻了。

教师的权威也是如此。以建设性和合法的方式恢复教师的权威将有助于解决困扰教师、家长、孩子和整个社会的问题。我们在这一领域的研究[①]以及与众多学校合作的经验也证明了这一点。用我们所建议的方式强化教师的权威可以在以下几个重要领域取得显著的成果：

1. 学校暴力和混乱程度大幅下降。

2. 教师的职业倦怠明显减少，取而代之的是高涨的士气。

3. 教师和家长都发现，他们有了合作伙伴！而以前他们感受到的是彼此的冷漠，甚至是敌意。

4. 曾经是教师职业生涯中最苦恼的孤独感被相互支持所取代。

5. 帮助和吸引有辍学风险的学生重返学校。

6. 学校重新成为社区中一个活跃的和有凝聚力的机构。

今天，教师的权威被视为一个严重的问题，并非所有人都把恢复教师权威看作一个值得追求的积极目标。通常，强化教师地位的提法被视为异类，甚至被认为是在使问题恶化而不是在解决问题。正如我其他的书籍帮助人们改变了有关家长权威的看法一样，我希望这本书也有助于转变人们对教师权威的看法。我希望证明，树立教师的权威

---

① Omer, H., Irbauch, R., Berger, H. & Katz-Tissona, R. (2006). "Non-Violent Resistance and School-Violen Program Description and Preliminary Findings". Mifgash: *Journal of Social-Eucational Work*, 23,103–120.

是有价值的，可以被当作一个积极的目标。这样做不仅可以改善教师和家长的地位，还可以改善孩子们的生活。

霍德·夏沙隆

以色列，2021年6月

第一章

建立教师的新权威

不知从何时开始，对教师的指责变成了一种时尚。三年前，在以色列中部的一所高中，一名女孩被几个男孩残忍而长时间轮奸的案件曝光了。这个故事被媒体大肆渲染，引起了公众对该校的严厉批评，认为该学校未能很好地保护这名女生。多家媒体发表了二十多篇社评，竞相指责该校的教师和学校领导在管理方面的玩忽职守。然而，事情的真相却是另外一个样子。正是因为对女孩行为异乎寻常的变化的关注和敏感，副校长才发现了这件事。她求助于社会服务机构，并令几个犯罪的男孩当天就被带到了警察局接受讯问。学校工作人员还为女孩及其家人建立了一个支持网络。这些事实来自两个调查委员会：市政府调查委员会和全国调查委员会。经过数月的调查，这两份调查报告得出了几乎相同的结论：学校、教师和管理层采取的行动是及时和正确的，他们发现了情况，并做出了负责任的处理。对于调查委员会做出的关于教师和学校无罪的判定，报纸却并没有进行报道。宣判教师无罪不会成为头条新闻，即使是在遭遇到媒体的误解和私刑之后。

对教师的批评与对家长的常见批评一样，主要源自我们对教育者期望的深刻转变。过去，教育者（家长或教师）只是被期待照顾好孩子的实际需要，并为他们提供基本的价值观和知识。如果教育者已经努力提供了这些，但孩子仍然出现某种行为问题，教育者不会自动受到指责。那些问题行为会被归因于孩子自身的基本倾向或其他外来的不良影响等。

今天，人们对教育者的期望完全不同。教师和家长不仅被期待有能力照顾孩子，为孩子提供基本的价值观和知识，还要能够塑造他们的性格。当这个教育产业所塑造的性格产品被认为不够好的时候，家长和教师就会受到指责，这一现象正是这种期待的反映。过去，人们是不会得出这样的结论的，更不会如此普遍而自动地得出这个结论。盖比特不会因为匹诺曹的恶作剧而受到责备，人们会觉得是因为小孩子的天真和顽皮，恰巧又遇到了邪恶的诱惑者，才变成了这样。在今天的儿童成长环境中，这样的诱惑者一点儿都不缺。

引发对教育者批评的另一个因素是日益增长的对任何形式的权威的怀疑。自20世纪60年代以来，人们越来越相信教育领域是没有权威的。按照这种观点，权威不是解决方案，而是问题的根源。自由教育的梦想——允许孩子用最适合自己的方式自主发展，成为心理学、教育学、通俗文学和媒体领域的主流思潮。如果孩子出现了问题，就会被认定是压迫性的权威阻碍了孩子朝着积极的方向自然发展。事实证明，没有权威的教育梦想是一场白日梦。成百上千的研究表明，在没有边界和要求的环境下长大的孩子，比在相对传统的教育环境中长大的孩子发展得要差一些。[1] 享受自由教育的孩子不仅受挫门槛低，在有规则的环境中的辍学率高，容易受到许多风险因素的影响，他们的自尊也比较低。这是因为在没有要求的情况下，孩子们无法学会应对困难。一个没有直面过困难的孩子可能会质疑自己的能力，甚至会

---

[1] Omer, H. (2021) *Non-Violent Resistance: A New Approach for Violent and Self-Destructive Children* (new Edition). Cambridge University Press.

质疑自己的价值。尽管如此,人们仍然普遍期望教师和家长能够给予孩子没有权威的教育,仅凭他们仁慈的存在和个人魅力来影响孩子。当然,有些教师和家长具有这样的能力,但我们中的大多数人都没有足够的能力来满足这种不断飙升的期望。因此,对教育者的期望必须回归到更加现实的层面——教育者虽然有足够的善,但不是完人,他们只是一些真实的普通人。我们中的大多数人都无法与裴斯泰洛齐(Pestalozzi)、雅努什·科扎克(Janusz Korczak)这类神话般存在的教育家相提并论。况且,实话实说,如果让任何一位经验丰富的教师把他们在职业生涯中遇到的最具挑战的学生挑选出来组成一个"梦之队",那么这支"梦之队"极有可能轻而易举地击败裴斯泰洛齐和雅努什·科扎克。

除了对教师和家长持批评态度以及过高的期望之外,令他们的影响力日渐衰弱的另一个主要原因是他们在这个社会中越来越孤独。由于大家庭的削弱、单亲家庭的激增以及大都市的匿名性(邻里之间互不相识),家长们比以往任何时候都更加孤独。教师的孤独感则源自这一职业的特质,因为老师的工作需要他们在各自的教室里平行工作,而不像其他许多职业那样可以作为一个团队一起合作。平行工作状态会不自觉地强化竞争的倾向而非合作的倾向,进而加深各自的孤独感。此外,随着城市人口的增加,学校的规模越来越大,越来越具有匿名性,也令教师变得更加孤独。曾几何时,社区为教师提供了某种归属感和基本支持,教师是社区中被人们所熟悉的角色,而如今却几乎是无人知晓。教师的孤独感还因为对批评的恐惧而加剧,那些批评令教师在与其他教师的关系以及与家长的关系中形成一种防御和退缩的立场。另一方面，当孩子在学校表现不够好的时候，家长也害怕被批评，这令许多家长对老师生出防御和敌对的姿态。渐渐地，一种相互的敌意和指责出现了，因为当人们感到被责备时，往往就会迁怒于其他人。家长会觉得，受到责备的不该是我们这些家长，而应该是老师！因为他们不理解我们的孩子，没有用对的方式教育好孩子！教师则觉得，受到责备的不该是我们这些老师，而应该是那些父母，因为他们没有管教好自己的孩子！因此，孤独的鸿沟加深了，双方都放弃了自己的合作伙伴，并将彼此看作敌对的一方。

上述这些因素使得原本不容易的教师职业变得更加脆弱。独自与一大群孩子待在一起，日复一日，年复一年，维持纪律，授业解惑，是一项非常艰巨的任务。遇到孩子们不守规矩的时候（无论是因为班级的特殊性，还是因为社会的动荡），情况会变得更加糟糕。尽管这些挑战自古就有，但今天的情形却比以往显得更加难以应对，部分的原因是从前允许教师使用的维持秩序的方法和权威都已失去了其合法性。从前的那些日常纪律管理措施不仅遭到谴责，也不再合法。过去的普通教师今天可能会被驱出教育体系，甚至可能会被送进监狱。要求和挑战增加了，而行使权威的手段却减少了。难怪现在的教师是职业倦怠感最高的职业。在当今的反教师氛围中，常见的指责是："那个老师已经倦怠了！"或者，"那个老师只是在混日子！"当我们陷入这样的指责中时，我们忘记了倦怠并不是某位教师的缺陷，而是大多数教师的功能、生活质量和健康被损害了的普遍现象。诚然，仍然有许多充满激情和初衷不改的教师将教育视为自己的使命。这些教师令人敬佩，尤其是缺乏支持的条件却仍能保持如此的奉献精神更是难能可贵。然而，如果我们能以符合自由社会教育观的方式恢复教师的权威，或许能够令更多的教师焕发教育热情，而不致生活在缺乏支持和保护的环境下，屈服于被批评、指责和资源日益减少的命运。

旧权威和新权威

在一个自由的社会里，旧式权威的一些典型做法是没有立足之地的，我们不能，也不想回头。哪怕我们难免怀旧，"那时候老师知道该怎么管理教室！"或"我父亲那时候非常受尊重！他讲话的时候，每个人都毕恭毕敬地听着！"这些话也只能说说而已。正如女演员西蒙·西诺尔所说，"连怀旧也不是过去的那个样子了！"这个世界已经发生了变化，我们必须去适应这种变化，尤其因为我们自己也是变化的一部分。其实，我们也不想回到与我们的价值观和作为教育者的内心愿望相抵触的旧权威模式里。如果我们简单回顾一下与旧式权威有关的一些信念，就会发现我们为什么不能走回头路。

A. 距离感。旧式权威依赖于距离感，权威人物高高地站在塔尖上。许多社交礼仪都强调儿童和成人之间的距离和鸿沟。如今，距离感以及各种这类的姿态均不再适合作为教育的基本原则，我们中的大多数人也都不想成为有距离感的老师或家长。事实上，我们希望比过去更亲近我们的孩子。然而，拒绝"将距离感作为权威的根本"也带来了两难的困境。我们在想，是否存在没有距离感的权威？过分亲近孩子的老师或家长不会因此失去他们的地位吗？试图亲近孩子，会不会让他们沦为孩子的玩伴，从而削弱了对孩子的教育能力？这些都是需要回答的重要问题。曾经盛行的距离感是一个明确的原则，而亲近的尺度却更加难以把握。我们知道我们不想回到过去的距离感里，但我们却不知道如何同时保持亲密感和权威性。

B. 控制和服从。我们曾经相信，教育者的工作是控制，孩子要做的就是服从。人们普遍认为，成功的教育能培养出听话的孩子。今天，如果教育的结果是培养出听话的孩子，会被视为教育的失败。我们渴望培养自主、进取和有批判精神的孩子，这与顺从的目标截然相反。与此同时，我们怀疑严格的控制手段会赋予权威人物过多的权力，并将孩子变成一个"物体"。这些都给权威带来了两难的境地。难道有不寻求控制和服从的权威吗？"控制"难道不是任何权威的基本特质吗？

C. 等级制度。我们曾经谋求清晰明确的等级制度，一个有着尖顶的陡峭金字塔。权威人士不需要说明或解释他们在自己的领域内所做的一切：无论在教室里还是在家里，孩子都处于老师和家长不可置疑的掌控之下，教育者几乎完全不受批评。今天的社会则要求检查教室和家中事情发生背后的权力，尤其是当有迹象表明发生了问题的时候。教师不再被视为教室里唯一的权威。教师不能自己做决定,他的决定会受到其他各方的质疑,家长的意见变得越来越重要。从前,教师的孤独是一种不容置疑的高高在上的权威者的孤独。如今,教师们遭受的是被围困的孤独之苦。如此又引出一个两难的困境:等级制的模糊将课堂置于批判性的关注之下,我们是不是破坏了建立教师权威的根本?

D. 即时惩罚的原则。从前,权威人物可以立刻对任何负面行为做出迅速有力的惩罚。惩罚的速度是权威感的一个显著特征,因为只有通过即时惩罚才能彰显威力,将对方立刻制服。在希腊神话中,宙斯通过闪电统治世界,闪电就是即时且致命惩罚的象征。今天,即时惩罚的原则被认为是不可取的,因为它会导致冲突升级。即时惩罚发生在老师和学生均处于兴奋和愤怒的情绪巅峰之时,通常会引发极端的反应,增加冲突的风险,特别是与叛逆学生的冲突。即时惩罚也妨碍人们冷静下来,去思考其他的选项。更不用说,即时惩罚在今天几乎已经没有可能了,因为曾经允许教师们立刻采取的那些给学生造成痛苦的即时惩罚的手段已经被剥夺。今天,如果说有些惩罚仍然可以使用,也发生得很慢,必须经过一层层审批程序(例如,申请停课的惩罚)才有可能被执行。我们的社会在用这样的方式捍卫自己免受旧式权威人物任性专横的惩罚。我们不再允许老师或家长凭一时兴起就惩罚孩子。一些这样的变化是必要的,但也造成了两难的困境:减少即时惩罚是否会让权威人物失去权力?

废除这些曾经在旧权威下盛行的做法已成事实。但是,用什么来取代它们呢？我们的经验表明，没有权威的教育是一种乌托邦，没有边界和要求的教育尝试已经惨遭失败。我们正面临一个深刻的困境：在削弱了过去所知道的有关权威的一些关键要素后，我们在面对需要权威的教育挑战时变得无能为力。为了解决这一困境，我们建立了"新权威主义"的模型，这种权威使得教师能够秉持新的教育价值观和愿望，合法地建立自己的地位和影响力，并保持韧性。

新权威主义的模式为旧权威的每一个问题提供了一个替代方案。以下是对新权威主义基本要素的简要描述，我们将在后续章节中详细说明。

a) 在 场 感

新权威的树立不是基于距离感，而是基于坚定的"在场感"。家长在场感是指当家长以某种方式行事时孩子获得的一种体验。当家长的行为传递的消息是："我是你的父母。你不能解雇我，不能开除我，也不能把我赶走。我在这里！我就在这里！"孩子会觉得他们有一个真正的父母，而不仅仅是金钱和服务的提供者。同样重要的是，家长也能体会到自己的"在场感"和不可忽视。如同"家长的在场能够帮助自己在家中建立权威"一样，教师的权威则建立在处理与学生和班级相关问题时所表现出的坚定的在场感。"教师的在场"体现在：学生们能够感受到老师对他们的亲近和感兴趣，以及对问题行为的监督和处理决心。学生们感受到的"老师在场"越多,轻视或忽视老师的可能性就越小。

b) 自 我 控 制

新权威不谋求控制和服从,而是基于自我控制和教育者的责任。我们都知道,面对一位表现出自我控制和职业责任感的权威人士,我们会欣赏并尊重他。相反,行事冲动或易被激怒的权威人物并不会得到真正的尊重。为了恢复教师的权威,我们需要提升教师的自控力,识别出教师的"敏感按钮",了解易于引发冲突升级的陷阱。一位教师如果能够面对学生的挑衅,不落入冲突的陷阱,而能设法保持平稳的情绪,那么他的地位将被成功地提升。一个人的自控力越强,就越有应对操纵和挑衅的免疫力,无论是在个人生活还是在职场中。在与家长和老师的合作中,我们创造了三个关键的短语,以帮助他们增强自我控制的能力。

a."趁冷打铁!"掌握了这一原则的家长和老师,能够控制住自己当下的冲动反应,避免引发冲突升级。

b."你不需要赢,只要坚持!"这一原则化解或减弱了"势将每一种情况看作一场决斗"的对抗精神。

c."错误不可避免,但可以纠正!"正如我们将在本书中看到的那样,只要有意愿纠正仓促之下的措施,就会打开一条新的大路,不仅让教师，也让学生得以解脱，使他们不致卡在有问题的路径上"一路走到黑"。

c）相 互 支 持

新权威将建立在相互支持和团队合作的基础上，而不是让教师成为金字塔的塔尖儿。老师们不再说"你必须照我说的去做！"而喜欢说："我们会照我们自己说的去做！"这里的"我们"依据情景而不同。比如，"我们"可能是指"我和你的班主任""我和任课老师""我和你的父母"，或者指"学校的全体教辅人员"。如果教师明白自己的权威并非来自他自己，而是来自他所获得的支持、合作和合法性，那么他将拥有"宽大的肩膀"，比形单影只的老师有更大的分量和影响力。从物理形态上看，老师确实是独自一人站在教室前面，经常使用"我"向被称为"你们"的学生提出要求。但是在他的内心深处，深知自己的权威来自他所获得的支持和合法性。在重建教师权威的过程中，我们非常重视获得支持和合法性的部分，以减少教师的孤独感。这样做的好处是多方面的：老师将少一些武断的处理，支持者会为他提供广泛而坚实的基础，他将感受到更多的保护，应对各种状况的选择也将大大增加。

d）坚　　持

　　新权威基于坚持和耐心，而不是旧权威人物使用的即时惩罚原则。时间已经转化为一种力量。从"必须立刻做出回应"的压力中解放出来，教师可以冷静下来，好好准备、计划并招募支持者。当老师能够让自己暂停，稍后再来处理这个问题的时候，就是在向学生们表明："老师还记得"，"这件事没有被抹去"。坚持的原则把老师变成了一个有连贯性的人物，他能把昨天发生的事情和明天将要发生的事情联系起来。"老师的在场"变得更加持久、更加可信和深入。基于即时反应的权威感只存在于那一秒，产生的影响也浮于表层。相反，在时间的维度里延展开来的权威感则变得强大而深远。

　　本书将尝试用新权威主义的原则帮助教师变得更强大。当然，每个老师都有自己维护权威的方法，那是基于他的个性和经验的总结。在帮助老师提升能力的过程中，我们不会建议他放弃他所拥有的适合他的东西。我们不会说："你这样做是错误的，从现在起你必须换一种方式做事！"我们不是提供救赎的传教士，我们只是希望能够帮助他在现有的基础上变得更强大、更丰富。如果老师们能够通过在场感、自控力、支持者和坚持来增强他们所掌握的手段，就可以让工作变得更富有成效。他们的脆弱性将大大降低，变得更平衡，更有力量，更有影响力。他们将发现更有效的应对方法，帮助他们达成此前难以实现的目标。

第二章

教师在场感

合著者：维德·索克（Vered Sotker）

有"在场感"的教师用他的行为传递出的信息是:"我是你们的老师,我在你们的身边。我时刻关注着当前的状况,我关心这些。我在这里!我在这里!我就在这里!"学生们能够感受到有一位真心关心着他们并愿意为他们负责的老师。同样重要的是:老师也觉得他在学生们的心里有一席之地,对孩子们至关重要。这一过程与家庭中"家长在场"的创造过程是同时进行的(我们在另外一本书[①]中介绍过如何创造"家长的在场感")。我们将强化教师在场的过程与强化家长在场的过程做类比,为的是创建一种共同的语言,从而改善教师与家长的关系,增进合作。此外,增加教师在场的某些措施也能加强家长的在场感,学生们能够感到他们在保持联系,是一起合作的。

这种在场感的体验对学生和老师有同等重要的影响。一个有在场感的老师知道,学生能意识到他们的存在;而学生也知道老师能留意到他们发生的一切。学生们觉得,老师看到了他们,记得他们,就在他们身边,并一直关注着他们。有在场感的老师不会被忽略,也不会对看到的事情置若罔闻。他们对事情不回避、不否认,而是做出应有的反应。

老师在场既体现在学生的个体层面,也体现在整个班级层面。学生们感受到的是,老师看到了他们,想着他们,并与他们有连结。这

---

① 《做勇敢的父母》由华夏出版社出版。教师可推荐家长阅读该配套书籍。

样的老师在学生心里创造了一种支持和警戒性守护①的关怀感。在《家长的警戒性守护：保护孩子的安全》一书中，我描述过家长要如何通过警戒性守护创造对孩子的支持，保护孩子免受潜伏在街头、交友环境以及虚拟世界中的不良因素的危害。教师的警戒性守护应该是这样一幅画面的旁白：我们正在为孩子提供一种带有校内支持的体验。当教师的警戒性守护与家长的警戒性守护相结合时，就为孩子们提供了最大的帮助。

教师的在场感可以延伸到教室以外的开放空间里。作为学校教师队伍中的一员，在校内不同的场所展示出自己的在场，可以增强教师个人乃至整个教师队伍的权威感。老师们增加了自己在学生眼中的分量，也提升了"我们"（整个教师群体）的在场感。教师在场感的提升，能够增强孩子们的在校安全感，并强化教师的领导力。孩子们跟成年人一样，希望他们的领导者能够保护他们。无法做到这一点的领导者将失去领导者的地位，他们的权威性也会受到损害。事实证明，教师在学校呈现出的无处不在的在场感与加强安全性、减少校园暴力以及防范校园其他风险密切相关。一位教师若敢于冒险进入"校园的黑暗角落"，也就是那些所谓的"教师禁区"，他就是一位不容忽视的教师。

---

① 警戒性守护意味着对孩子身上发生的一切表现出持续的兴趣，留意孩子如何自我管理，并愿意在孩子遇到麻烦时采取果断的行动。

在课堂上创造在场感

教师在课堂上营造在场感最基本的方式不是依靠神秘的魅力，而是与他们的言行有关。教师在学生们的座位中间来回走动，查看课桌上的学习材料，走近那些捣乱或有学习困难的学生，就是在建立并传递他的在场感。比起那些多数时间站在教室前面或坐在讲桌后面的老师，走到孩子们中间的老师更能让学生感受到他的在场感。

美国研究人员弗雷德里克·琼斯（Frederick Jones）的研究发现，教室里的噪音水平与老师的在场感直接相关。[1] 当老师端坐在讲台上时，教室里的噪音通常会达到最大值。当他们在学生座位之间来回走动时，噪音最小。即使是一些看似无关紧要的细节，比如老师在教室里来回走动的路径（既能纵向也能横向穿越课桌之间），也会影响教室内的噪音水平。因为当老师在教室能够沿不同方向走动的时候，他可以方便地关照到各个方向和角落，就等于在告诉学生："我离你只有几步之遥！"相反，若老师只能在教室里纵向行走，传递的信息则是："我得绕一下才能到你那里！"在这份细致的研究中，琼斯用分贝计测量了噪音水平，发现老师上课时在教室里的动作直接影响仪器测量到的噪音水平。

老师在教室里来回走动，传递出的是警觉、活力和决心，其意义

---

[1] Jones, F. (2014). *Tools For Teaching*. Fredric Jones and Associates.

更为深远。在学生中间走动的教师，成了队伍中的领导者，而不是一个有距离感的人物。这就像一位受人尊敬的勇士和国王会在他的随从和臣民中四处走动，而心里没底的领导人则躲在象牙塔中。

老师在教室里展现出的在场感，无论是在纪律管理还是教学层面，都大大影响着教师的权威。琼斯详细描述了一个有效的边界设置过程，该过程展示出教师可以如何对有破坏性的学生表现出更多的在场感，从而提高他在教室里的地位。他建议每个老师自行定义，什么样的课堂干扰行为属于跨越了红线。有了这样的定义，老师就更容易做出是否该出手干预的决定。一条清晰的红线可以解决这样的两难问题："是在被干扰的情况下继续教学，还是该暂停几分钟转向处理干扰行为？"当干扰行为越过红线的时候，就有必要停止教学，因为在这种情况下的继续教学只会损害教学质量以及教师的地位。另一方面，展示出教师的在场感并坚定地处理干扰行为将加强教师的地位，可使他们更有效地回归教学工作。琼斯的研究证明，那些划定红线并愿意花时间通过展示在场感来处理干扰行为的教师，不仅可以减少干扰的程度，最终还可以赢得更多的教学时间。因为，花时间展示在场感为教师提供了额外的安静时间，用以进行有效的教学。

划定红线的过程有助于教师奠定其权威。在我们与家长的合作中，研究显示，与家长进行系统性的讨论，确定哪些是需要明确回应的红线，有助于他们重新获得一些被削弱的权威。红线划定以后，家长会向孩子明确宣布他们的决定。如何定义教室里的红线，并没有标准的规则，而是取决于每位教师的角色和个性。对某位老师来说，学生在听课或在要求安静自习的时候聊天就是一条红线；而对另一位老师，红线的定义可能是干扰他人或擅自离开自己的座位。重要的是，老师要明确自己的红线。一旦确定了红线，就要坚定地站在所宣布的立场后面，守住自己的红线。每个老师都必须清楚地问问自己："我的红线在哪里？"明确了自己的红线并向全班发布以后，老师必须愿意花时间和精力捍卫自己的决定。例如，通过展示全力以赴的在场感来应对干扰。

全力以赴的在场感表现方式如下：当有学生越过红线时，老师会立刻停止教学，将整个身体转向学生，说出学生的名字。老师站在自己的位置上，安静地看着学生，沉静地等待学生坐好，重新投入学习。这个姿势大约需要保持20秒。老师站在那里安静地等待足够长的时间是在向所有人展示他坚定的在场感。如果学生没有停止干扰行为，没有在座位上坐好，还是摆出一副嬉笑的姿态，或者问出挑衅性的问题，老师可以加大干预力度：慢慢走近学生，站在那里，再静静地等待20秒。老师的肢体语言所传递的信息是："我在这里，我就在这里！"老师可以用手势向学生发出信号，表示他们必须重新集中精力开始学习。如果学生这样做了，老师会在这个位置上再停留几秒钟，然后才把注意力带回课堂，继续教学。

几分钟以后，老师要再次看向那个捣乱的学生，让这个学生知道：老师在持续地关注着他。如果学生的行为有所改善，可以给他一个肯定的眼神或鼓励的手势。如果结果不令人满意，例如，这个学生没有改正或继续表现得不尊重，对他的关注和干预就要升级：老师要再次走近学生，拿出笔记本，写下学生的名字；或者，在学生的桌子上贴上警告贴纸。如果干扰仍然继续，老师会在课堂结束时点出这位学生的名字，要求他课后留下。我们建议老师在下课前提前几秒钟走到教室门口，站在那里，以确保学生会留在教室里。这种做法让教师成为捍卫这一领地的守门员——课堂行为规则的制定者。遵循这一流程的老师会增强他们面向全班学生的权威感。研究表明，当教师通过展示专注的在场感来设定边界时，课堂会变得安静。这时，老师传递给全班的信息就是："我在这里，我就在这里！"

对所有年龄段的孩子来说，教育者出现在孩子身边是设定界限最重要而有效的措施。老师通过向学生展示，如果他们的行为在下课前还没有改善将会有额外的后果，这就是在暗示学生，他们会邀请更多的学校管理者和家长参与问题解决。事实上，在反复出现行为问题的情况下，邀请家长参与（后续有详细介绍）是一个明智的做法，可以用"家长在场"支持"老师在场"。走近孩子的身边显示在场感的做法在幼儿园也同样有效。在幼儿园里，面对躁动不安的孩子，当老师改变他们的位置，走到孩子的旁边安静地坐下来时，通常只消几分钟就能让这个孩子逐渐安定下来。

有一所高中决定，凡是被发现在课堂上使用手机或手机响起振铃的学生都要立刻上缴手机。所有上缴的手机都会被送到校长办公室，放学后才能返还给违规的学生。学生必须到校长办公室面见校长谈话后才能取走自己的手机。这一做法不仅展示了校长的在场感，也强化了老师的在场感。整个过程始于课堂，老师走近使用手机的学生，站在他的旁边，伸出手请学生交出手机。老师要保持这个姿势大约20秒钟，即使这个学生立刻交出了手机。

这一做法超越了简单的纪律管理，增强了教师的在场感。倘若学生拒绝交出手机，老师可以立即报告校长。随即告诉学生，在接下来的一周里，每天来到学校的第一件事是要把手机存放在校长办公室，方被允许进入教室。秘书会给该学生一张便条，作为当天收到手机的凭证。所有为该班授课的老师也都会得到通知，尤其是当天教授第一节课的老师，只有看到这张便条，才能允许这位学生进到教室。如此，老师和校长的实际在场时间通过"送便条的仪式"得以延长，其他老师的参与也增加了最初那位老师的在场时间和分量。

在课堂上检查作业也是一个增强教师在场感和警戒性守护的机会。以下是我们所提倡的在课堂上对家庭作业做初步检查的做法。我们认为，布置家庭作业而不检查会损害教师的教学成果和权威感，因为不检查作业就等于在说："我不在意"或"我不检查，我不知道"。当然，许多老师会觉得检查家庭作业是一个很大的负担。这里提出的做法就是试图帮助老师们建立一个在课堂上初步检查作业的常规流程来克服这一困难：一上课，老师就让学生们把作业本翻到家庭作业的那一页。按照要求，学生们应该在作业本新一页的顶部写上日期，然后是练习题和解题方案。老师在座位之间的过道上慢慢移动，逐一查看学生的作业本，检查他们的作业情况。例如，学生的练习题抄写对了吗？检查确认后，老师要在每个作业本上打勾、签名，看到某个学生的进步时写下称赞的话。随后，老师可以请一名学生在黑板上写下他的答案。这个作业检查过程向学生们显示了老师对家庭作业的重视。在场感的展示既是对学生的尊重，也是对老师的尊重。学生们感到被尊重，是因为老师能够认真检查他们的作业。而老师也通过认真检查自己布置的作业而提升了作为教师的地位。类似的做法也可用来做随堂小测试的检查。老师在课桌之间的走动还能为学生带来警戒性守护和支持的体验。比如，有时候老师可以弯下身对一个感到煎熬或焦虑的学生做耳语鼓励。

老师在教室里的在场感可在学年之初就开始建立。一位在开学第一天就做好迎新准备的班主任老师可以站在教室门口向学生们致意，祝他们新学年快乐，老师向学生传递的信息是："欢迎来到我的教室！"班主任老师可以将事先准备好的写有学生姓名的索引卡发给每位学生，请他们在卡片上填写相关的个人信息，到指定的座位上（教师保留更改座位的权利）入座。一个简单的安排座位的方法是在指定的位置贴上带有学生姓名的标签。老师可以向进入教室的学生展示座位分配表，以防止孩子们随意移动贴纸。在学生进入教室时，老师询问学生的名字，表示欢迎，看一眼手中的座位分配表，把孩子领到指定的座位上。这一举动旨在向学生显示"这是我的地盘！我手中的座位图即是证据"。谁拥有地图谁就拥有这片领土！

之后，老师通过进一步描述自己的期待和职责来展示在场感。这些都是值得在开学之初花时间去完成的工作。老师需详细说明每天的流程、学生的职责和课堂上的纪律规则，告知学生他会如何处理缺勤、迟到、未交作业和干扰课堂的情况。每个学生都会收到一页纸的纪律守则，并要把它钉在作业本的封面上。

即使在校外参加学校组织的活动，学生们也能体验到老师的在场感。比如，事先组织学生进行集体上车的演练。让学生们在教室里练习按照姓名的字母顺序上车，每个人依次大声说出排在他后面的学生姓名。当他们能够做到安静有序地上车时，老师的地位就得到了加强。有时乘坐公交车出行的时候，可能会出现一些混乱。学会有秩序地上车可以让学生们避免自顾自地推搡和踩踏。如此，教师的权威感增强了班级的凝聚力。

有趣的是，"靠近"和"边界"是可以同时传递的信息。老师可以通过展示"靠近"，来强调人与人之间的"边界"。有一所幼儿园的老师用游戏的方式教给孩子们理解"靠近"和"边界"是如何相关的。

老师带着孩子在画圈时做了一个特别的练习：她首先在自己的周围画了一个直径约半米的圆圈，然后把粉笔递给孩子们，让他们在自己周围画上类似的圆圈。为了能够画出类似的圆圈，孩子们必须移动位置拉开彼此的距离，增大围圈。老师解释说："我的圆圈就像是我的房子，你的圆圈也像是你的房子。没有人可以不敲门就进入你的房子，对吗？我们也是一样。比如说，想要进去，你就必须'先敲门，并请求许可'。我今天给你们带来了一个周末的小小纪念品。你们要想得到它，等一下无论我喊到谁的名字来我的'房子'，他都要先请求，得到允许才能进来。懂了吗？"这样的一个小练习，让孩子们有了一种靠近的体验，同时也学会了尊重他人的个人边界。

在每个学生心里创造在场感

每一位老师都知道，了解自己的学生，并尽早跟学生建立个人关系，可以强化他在学生心中的在场感。独特的个人关系可以让学生摆脱"匿名状态"，使师生关系变得更有意义。

我们都记得那些很快能记住我们名字的老师。如果除了名字，老师还记得我们的一些个人特质，那种感觉就更加不同寻常。拥有这项技能的老师会很快形成非凡的在场感，能赢得更多的赞赏和合作。

下面介绍的"个人索引卡"的使用有助于推进这一目标，深化个人关系，不仅有助于老师建立与学生个人的联系，也有助于树立老师在全班的地位。卡片是一个从中间折叠起来的长方形硬纸板，可以立在桌子上，正面朝向前方显示的是学生姓名。上课时，老师会先分发卡片，而不是点名，而留在老师手中的卡片就是当天缺席的学生。分发卡片比站在教室前面点名更有意义。通过使用卡片，老师可以从第一节课起就直呼每个学生的名字。

在接下来的一个学年里，这些卡片可以成为老师与学生之间交流的纽带。老师可以用铅笔在卡片的里侧给学生留下信息（这样就可以擦除它们，并用新的信息代替），或者在卡片里侧贴上带有个人信息的贴纸。例如，学生在早上收到他的卡片时，可能会在卡片上发现一个贴纸，上面写着："你这次的作业做得比以往都好。你超越了自己！很棒！"渐渐地，不仅老师，学生也开始通过索引卡发送"私人邮件"了。这使得卡片变成了一个特殊的地方，老师可以在这里记录学生的进步和成长，感谢学生在课堂上的出色表现，或者指出需要改进的方面。

另一种让教师能够从学年之初就与每个学生及其家长建立个人联系的方法是提前与孩子们的家长沟通，甚至在召集第一个家长会之前就建立联系。老师会告诉学生们，他将在新学期的头几周给他们的父母打电话，更多地了解他们。通过这样简单的几句话，老师就能在孩子们的头脑中建立起更多的在场感。老师可以安排每天与三名学生的家长交谈。与家长的第一次谈话一定要表现出积极的态度，这一点很重要。同样重要的是，不仅要尝试与孩子的母亲交谈，还要尝试与父亲交谈。

老师应该在当天的课堂上密切关注这三名学生，并与他们进行简短对话，询问他们的学业和社交情况。问一些简单的问题，比如：

"谁是你在班上的朋友？""哪个学科对你比较有挑战？"或者"你有哪些爱好？"这可以帮助老师初步了解孩子的情况，并在与家长的对话中谈及这些。在与家长的谈话中，老师首先要做自我介绍，然后说出对孩子的初步印象。比如"我注意到你的儿子很会画画！"或者"我知道你的女儿是个运动员！"或者"他告诉我，他在公园里抓到了罕见的口袋妖怪！"用这样的描述可以向家长展示教师对孩子的积极关注。老师还需要问问家长，他们的孩子是否有什么特殊要求或需要关注的方面。最多用三周的时间，班主任就可以联络到班里每个孩子的家长。

有了这样的初步接触，在后续工作中遇到学生的问题时老师就更容易跟家长取得联系。研究表明，如果教师在开学之初能够用积极的姿态与家长进行接触，家长的合作度通常会更高。此外，那些能直接与家长取得联系的老师，在学生眼中有额外的分量，能够确保自己从一开始就拥有"宽大的肩膀"。不用说，老师与家长的直接接触也大大增强了家长的在场感。当家长告诉自己的孩子："我今天跟你的老师谈过了。她一接手你们班就联系了我，这一点真是很棒。我想我们会跟你的这位老师保持联系的。"这样的表述实际上也增加了家长在孩子头脑中的在场感。如此，"教师的在场"在孩子的家庭中产生了回响。一个不仅跟母亲交流，还坚持跟父亲交流的老师表达了一种独特而郑重的态度："我不认可'孩子在学校的一切由母亲负责'这一不成文的规则。"通常，当老师要求和父亲通话时，很多父亲都会感到惊讶。但这一意外可能会成为父亲开始参与孩子教育和成长的标志。

学科教师也可以从提早联络家长的过程中获益。他们应该向此前教授过这个班级的老师询问，哪些学生比较有挑战。这将有助于提前与这些孩子的家长取得联系。当然，没有必要告诉家长，"联系他们是因为听说他们的孩子有问题"。通过有选择性的提前接触，学科老师可以与这些学生家长建立初步的连结，为可能遇到的困难做好准备。注意：作为学科教师，在询问该学生的问题时，很重要的一点是，一定要同时询问这个孩子身上积极的一面，比如有什么积极的品质，曾经表现不错的时段，以及值得提及的事件。这不仅能帮助老师了解孩子的问题，还能让老师了解孩子的优势。熟悉学生的积极一面，不仅可以防止对学生产生消极的刻板印象，还能够帮助老师在与学生和家长打交道的时候展现出更积极正向的姿态。

在高中实施这一做法时，往往会让家长们感到惊讶，因为孩子到了这个年龄段后，父母的陪伴通常会逐渐减少。然而正是这个年龄段的特殊风险性，才让孩子尤其需要特别的警戒性守护。高中老师给孩子的父母打这样的电话，实际上是在邀请家长共同提升在场感以及对孩子的警戒性守护。老师可以明确地告诉家长："如果我们能保持联系，保持协作，就能及时发现问题并进行干预！"这样的信息可以鼓励家长提高警戒性守护。在老师需要采取必要的行动时，这一信息会得到进一步的强化。家长们虽然感到很惊讶，但在绝大多数情况下，这是一个积极的惊讶。"提前接触"为家长和老师相互加持的权威感奠定了基础。

实际上，有无数种做法可以在孩子的头脑中建立起老师个人的在场感。例如，一些幼儿园推出了一种做法，让孩子们穿上印有姓名、班级和幼儿园名称的个人T恤。家长们在开学的第一天和孩子一起进到幼儿园时，老师给每个孩子分发一件T恤衫，并请家长帮助自己的孩子在笔记本上写上他们的名字。另一个例子是打电话给生病或缺席的孩子。当老师让其他孩子参与向缺席的孩子发送信息时，就会建立一种全班在一起的氛围，增加孩子们的归属感和凝聚力。

在校园内创造在场感

关于学校暴力的一项重要研究发现，绝大多数暴力事件都发生在没有教师在场的区域，比如浴室、更衣室或者校园的某个角落。系统性地增强教师在这些区域的在场感，可以大大减少校园暴力事件的发生。展示出"教师在场"就是在发出一个明确的信息，即教师是学校的责任人，换句话说，是制定学校行为规则的人。这一信息至关重要，因为如果老师不担起责任，霸凌者就会出现在那里。一些学校系统性地引入"教师在场"的做法，让"教师在场"覆盖整个学校，甚至那些隐蔽的角落，为学校带来了重大转折。学校不再是霸凌者的天下，而是在一群有责任感的教师的守护之下，从而大大地提升了学生们的安全感和归属感。

我在其他地方曾经介绍过，当家长看到表明孩子遇到了危险的警报信号时，该如何提高警戒性守护的级别。在正常情况下，如果一切正常，家长只需保持基本的警觉，并通过跟孩子进行一般性的询问，保持日常连结（如共进晚餐、开车送孩子参加课外活动、组织家庭聚会），联络权威人士或孩子所处环境中的其他人（科任老师、孩子朋友的父母、体育老师）来随时了解情况。这种警戒性守护没有任何侵入感，也没有任何企图审问或抽查的意思。

但当令人担忧的信号出现时，家长就要主动地、有针对性地做一些抽查，提升警戒性守护的级别。家长要特别过问孩子的一些活动和他们的朋友，检查孩子是否真的出现在他们自己声称要去的地方。在极端情况下，可以与孩子的朋友和朋友的父母取得电话联系，甚至亲自寻找孩子。这些超出常规的处理方式，是家长在特别担心的情况下可以适当采取的行动。当一切平稳下来，警报信号消退后，家长即可回归无侵入的警戒性守护状态。学校也是一样。在一般情况下，老师只是保持常态，展示出教师的在场感，对所发生的一切保持洞察。但是，当警告状况增加时，就要启动紧急行动方案，提高警戒性守护的级别，增强在场感。所谓"紧急行动"，顾名思义，是指一种集中精力、但用时很短的行动。

在日常管理中创建学校教职人员在场的一个例子是，制订"大厅、走廊和操场等公共区域实施守护"的计划。守护员的数量和职责范围取决于学校的规模。对那些容易出现问题的区域（易发生暴力或其他违禁行为的地方）建立高频次的访问。需要绘制一张学校的地图，标记出那些"黑暗的角落"，通过增加教辅人员的在场给予那些角落更多的关注。对教师应如何处理有问题或可疑的行为制定出简单的规则。比如，如果遇到在厕所入口处辗转逗留，而不是像正常使用厕所那样进进出出的学生，最简单的做法就是告诉孩子们离开，老师须待在那里看着学生离开后再走开。如果孩子拒绝离开或有挑衅行为，老师应该打电话寻求帮助。遇到孩子打架的情况，也要采用同样的做法，命令他们立刻停止打斗，并驱散人群。有时仅仅驱散看热闹的人群就有可能使局势平静下来，因为学生之间的争斗不仅是参与者的事，跟看热闹的观众也有关。如果老师的指示无效，就必须用手机呼叫请求帮助。教师的坚定在场并不等于要求他们采取冒险的英勇举措。选择电话呼叫求助其他工作人员的帮助，而不是上前动手把打架的学生分开，不是软弱，而是明智的做法。事实证明，寻求帮助通常比试图用武力驱散一场打斗更能有效地平息情绪。

制作一个一目了然的"守护员轮值表"是帮助学生按图索骥完成报到打卡任务的关键。被指控违反了校规的学生会得到一张打卡表，需要在课间休息时找到所有的守护员老师，请他们在打卡表上签名。为此，守护员老师的名单及其职责范围必须明确且公开（公开并定期公布守护员名单的行为会增加教师的在场感）。"打卡报到"是一个要在规定的时间段内完成的任务。学生须在每天放学的时候向学校办公室提交"打卡签名表"。守护员老师只要在打卡表上签上自己的名字即可。"学生打卡报到"并不是一种严厉的惩罚,因为一个速度较快的学生只需几分钟即可走完一圈,但它是一种有效的彰显教师在场的手段,因为学生必须让所有的守护人员看到自己。这张有着好几位教师签名的表格把他们连在一起形成了一个员工网络,其权重超过了组成该表格的每位老师权重的总和。担任守护员的教师必须尽量与学生保持冷静的接触:打卡不是说教或责骂学生的时机,那样做只会破坏它的有效性。

还有一个独特的展示在场感的例子是开学之初欢迎学生入校的过程。除了前面提到的班主任老师站在教室门口迎接孩子们走进教室以外,在开学的最初三天里,校长、副校长和其他两名学校负责人也站在学校入口处欢迎孩子们。这样的做法为学生提供了双重欢迎,先是在学校大门的入口处,然后是在教室门口。站在门口的校长、副校长和两位学校负责人真诚地欢迎每一位学生走进校门,与他们一一握手,并祝他们新的一年一切顺利。必要的时候,他们会大声提醒某位学生加快动作("快迟到了!"),或指出其着装不够得体,并告诉学生,明天必须要有所改变。这样的欢迎仪式是在向学生表明,教师是学校的"守门人"。"守门人"这一角色几乎在所有的文化中都具有深远的意义。"守门人"象征着法律和秩序。当校长带领教辅人员在新学年开始时履行这一职责,他们发出的明确信息是:"欢迎来到我们学校!"换句话说,欢迎来到这个由我们这些教师们制定和执行规则的学校。

很多高中都有一些"灰色地带"。对于这些"灰色地带",教师在场的重要性非但不能减少，反而应该大大增强，尽管人们不知不觉地把一些学生聚集的特定区域定义为成年人的"禁区"。诚然，青少年应该拥有越来越多的隐私，这也是他们正常发展的一部分。当事情进展顺利时，这些变化是可取而积极的。但是，仅仅打着保护青少年隐私的旗号，即使有明确的迹象表明孩子存在问题行为也不进行干预，则会增加风险水平，侵蚀成年人的权威。在这种情况下，教师们向学生传递的明确信息是："学校的所有区域及其入口都在我们的监督之下！"这一信息可以深刻改变他们的地位。

教师权威感的衰落和被侵蚀的一个明显迹象是，在没有授课的时候，老师们往往会被遗忘在教师休息室。在很多学校里，教师在公共场所的消失使得学校变成了"年轻人的王国"，那里的行为规则往往是由有问题的小团体制定的，这些小团体利用成年人退场造成的空白来施加他们的权威。当一所高中决定系统地在"灰色地带"展示教师的在场感时，教师的地位就发生了逆转。这样的决定看似"不受欢迎"，但老师们很快会发现，大多数沉默的学生都很愿意接受老师的决定，因为他们现在可以感受到更多的保护，而最激烈的反对通常来自那些希望保持自己"特权"的学生。

本 章 总 结

"教师在场"既指身体在场,也指心理在场。"身体在场"是指,学生能够感到老师就在身边,可以很方便地找到他们,老师没有置身事外,没有躲在一边或待在远离学生活动的地方。"心理在场"是指,老师的形象会出现在学生的脑海中,学生们知道他们也出现在老师的脑海中。"心理在场"是创造警戒性守护体验的一个关键因素,这是一种感觉,即老师能够洞察一切,会询问,知道发生了什么,出事的时候还会亲自去查看。

"教师在场"表现在个体、教室以及学校三个不同的层面上。个体层面的"教师在场"反映的是教师与每个学生和家长的个人关系。教室里的"教师在场"表现的是,老师守护着教室这方领地,是课堂规则的制定者。教师在教室里的在场提高了教师作为领导者的地位,并给学生一种归属感和保护感。学校层面的"教师在场"体现在一些有全体教辅人员参加的活动中。能够展示出学校层面的"教师在场"的行动包括支持"学生打卡""开学之初的欢迎仪式"以及"大厅、走廊和操场守护"等,这些行动增加了每个人在学校的安全感。在一些学校,尤其是一些高中,校园的大部分区域都变成了年轻人管理的国度,老师们反而变得小心翼翼。有时候情况糟糕到老师们必须认真采取切实的行动,在学校的所有灰色区域展示其强大的在场感,才能"收回"那些空间。这类事件通常也标志着一个转折点，绝大多数学生都会对此做出积极的回应。

教师在场感的增加肯定会在学生的家庭中引起反响，引起家长的注意。当老师邀请家长相互更新学生的表现时，就等于给家长提供了一个增加家长在场的机会。这一点可以通过给家长的邀请函来完成。老师可以在给家长的邀请函上附带改善家校关系的额外手段，这些细节将在下一章中描述。

给老师的一些小建议

- 确保你自己能够直接来到一个捣蛋学生或有困扰的学生身边。
- 避免长时间待在教室前面或讲台上。
- 用坚定的在场和冷静的身体姿态作为应对干扰的手段。
- 在新学年开学之初，与每个学生（记得他们的名字，寻求他们身上积极的品质或特征）及家长建立积极的个人关系。
- 设法传递"我们"的感觉，并注重加强班级的凝聚力，这将加强你的领导能力。
- 制定并公开老师在操场和大厅、走廊里处理各种状况的标准流程，以加强教师在整个学校的在场感。
- 当一些令人担心的事件发生后，应在一段时间内加强警戒性守护，以提升教师和家长的在场感。这样做可以降低风险，提高教师的权威。
- 请注意，如果你所在的学校已经有了默认的"教师禁区"，就说明你们学校已经在某种程度上变成了"年轻人的王国"。如果是这样的话，就需要采取协调一致的行动来增加教师的在场感。

第三章

教师与家长的联盟

合著者：依瑞·肖尔·萨皮尔（Irit Schorr Sapir），

塔尔·迈蒙（Tal Maimon），斯特凡·菲舍尔（Stefan Fischer）

家校合作的任何改善都会提升教师的地位、家长的地位以及改善孩子的状况。但是，除非我们能够了解这些年来愈加糟糕的困境，否则无法真正改善教师与家长之间的合作。例如，十年前我们与学校合作时，大多数教师遇到的挑战都与儿童的问题行为有关。如今，许多的挑战却多与家长的问题行为有关。

在与我们合作的一所学校里，有一次我们的教练提议教师要改善与家长之间的关系，尤其是与"不可理喻的家长"之间的关系时，一位老师表示，这样乐观的画面是不现实的。她提到了一个极端的案例，一位不停地折腾、破坏每一位老师威信的母亲。这位母亲的前两个孩子已经从这个学校毕业好几年了，第三个孩子正在该学校读书。这个老师开始讲述这位母亲与老师们的各种冲突，如何向校长和督察投诉，如何不放过任何机会讲老师的坏话，等等。很快，其他老师也加入了进来，纷纷讲述这位母亲各种不可理喻的行为。一位老师甚至建议，要直言不讳地警告这位母亲以及同类的家长，如果他们继续这样行事，学校就有权力开除他们的孩子。另外两位老师补充说，这样的家长在这个学校并不是个例，唯一的解决办法也许就是拒绝这些家长进到学校。教练试图促进"家校外交原则"的努力被相互指责的气氛所淹没。

这种氛围反映了这样一个事实，即许多教师面对某些家长带有敌意的行为毫无招架之力。他们说：遇到"这样的母亲"，你什么招都没有。要是遇到有问题的孩子，哪怕是最难搞的孩子，你还可以让他暂时停学，甚至把他开除。虽然这种情况很少发生，但老师们总是可以通过安置委员会并征得行政管理和检查部门的支持来实施。可是遇到胡搅蛮缠的家长就不行了，你总不能给这些家长"停职"吧。本章中的主要目标是提出改进与家长联盟的通用方法，包括形形色色难相处的家长。但这里所说的"难缠的家长"还不至于像上面所叙述的母亲那般极端。那么，如何应对那些"不可理喻的家长"呢？真的有这样的情形存在吗？如果真的遇到像上述案例中描述的那种家长，有办法提高教师的自我保护意识吗？我们将在本章结尾处讨论这个问题，恳请读者朋友耐心等待。

家校外交原则

这里描述的一些改善与家长关系的原则和措施，即使没有整个学校的配合和支持，教师也可以独立实施。但是，如果学校的教辅人员能够协调行动，就可以从根本上改变家校合作的氛围，影响力会大幅提升。如果校长带头提倡这种方法，改善就会加倍，并能够带动整个社区。让我们从一则典型的老师和家长的互动信息说起。

亲爱的艾琳，迈克的母亲：

您的儿子迈克几乎每天都迟到。他对学校的请求、批评或责骂没有任何回应。他非常无礼，经常打架，还有攻击老师和其他孩子的行为。他上学不带学习用具，上课不翻书，几乎每一节课都在捣乱。他还把嚼过的口香糖粘在桌子下面。请您管教一下自己的孩子。

班主任：埃塔

母亲的回答是：

亲爱的班主任老师，埃塔：

您的学生迈克早上总是醒不过来，我很难叫他起床。他从不吃早餐，最多在出门的时候从冰箱里胡乱抓点儿什么。他从不整理书包，所以不管当天的课程安排是什么，每天都带着同样的东西去学校。他也不肯做作业。另外，他每天放学都不及时回家，总是要在外面转悠至少一小时之后才回家，并且直接回到自己的房间关起门，在电脑前一坐就是好几个小时。他只是在要钱的时候才跟我说话。请您帮忙管教一下您的学生。

迈克的母亲：艾琳

这段家校互动的消息是我们在"家校外交"简短课程的介绍里展示给教师的。这样的例子并不少见。一些老师喜欢向家长实时发送有关孩子行为问题的信息，让家长感到自己正在遭受来自老师投诉的轰炸。确实，仅仅报告孩子的"坏消息"，而不创造与家长合作的条件，很可能会导致家长本能的反应——不理会老师来信中的内容，或者以愤怒而非合作的方式予以回应。如何能够实现真正的合作，而不是像上述例子那样做徒劳的"乒乓"游戏呢？以下介绍的一些原则可以显著减少摩擦，让对方更乐于给予和接受帮助。

"**我们在同一条船上！**"意识到"我们在同一条船上"是合作的基础。事实上，只有当家长和老师一起用力划向同一方向时，这艘船才能驶向前方。如果其中任何一个人用桨撞击另外一个人，船只都可能倾覆。如果一方试图在另一方的底部钻洞，他自己的脚下也会进水。只有当老师用合适的语调向家长说明"我们在同一条船上"的道理时，才能产生积极的回应。要记得的是，千万不要在激烈争吵中或以苛求和责备的语调传达这一信息，因为在这种情况下家长的耳朵是关闭的。只有带着同理心和真诚合作的愿望去表达，才有可能得到对方积极的回应。以下是一位老师发给一位母亲的信息，她一直在努力争取赢得这位母亲的合作。

亲爱的伊娃：

我一直在思考如何改进我们之间的合作，以便更好地帮助尤西在学习和社交方面变得更好。我知道，我们是在同一条船上。如果我们共同努力，我们就能克服困难，向前迈进。最重要的是，尤西会有更好的感觉，也会表现得更好。从现在起，我会向您报告他在行为上的任何积极变化，因为我想让您知道我在支持他。我也不会隐瞒他出现的问题，但我会尽一切努力，以尊重您和尤西的方式坦诚相告。如果您能把这封信分享给您的先生，我将不胜感激。

真诚地问候。

班主任：莱蒂

收到这样一封信的母亲很可能会感到惊讶，尤其是在关系冷淡或紧张时收到这样的一封信。老师可以用这样的一封信得体地向家长伸出橄榄枝，表达希望改变局面的愿望，但不能指望家长被立刻打动。一些老师甚至担心这样的信息会导致孩子的母亲产生错误的心态，伺机等待老师的第一个失误，好让老师无地自容。在以相互猜疑为特征的关系中，这是一种常见的恐惧。在这种情况下，任何积极的姿态都不免令人怀疑对方会利用它对自己进行攻击。事实上，这种无情的做法是很少见的。是的，家长可能会对老师的积极主动做出谨慎反应，因为他们不确定老师是否会遵守诺言。但除了谨慎之外，老师的这种姿态通常总是能让家长变得更乐于倾听。此外，这种谦虚的姿态可能会满足家长心中同样的愿望。事实上，我们认为这样的信息契合大多数家长的秘密愿望，即使是最难缠的家长也不例外。

老师和家长争吵的严重后果。 作为老师，经常会遭到指责、批评和投诉，甚至威胁。每一位教师在其职业生涯中都几乎不止一次地经历这样的情况。但是，在老师们谈论家长带给他们的伤害时，他们中的许多人很少意识到自己在冲突事件中表现出的不妥。尽管老师在冲突中通常不会像一些家长那样口不择言，但他们也经常对冲突的升级起着推波助澜的作用。因此，我们认为，理解"家长与老师争吵的严重后果"是极为重要的。在我们开办讲座向学校的教师、家委会以及所有听众介绍我们的方法时，这个问题常常是我们演讲的主题。我们的目的不仅是想让我们的听众了解家长和老师之间发生持续冲突必然会导致的严重结果，更希望他们能够变得有意愿采取措施或用适当的回复去修复或弥合冲突带来的损害。当我们在学校实施这些计划的时候，我们会指导教辅人员如何采取行动来缓和冲突的局势。这样做不仅符合教师、家长和孩子的利益，也符合整个学校的利益。以下是家长与老师冲突所产生的四个严重后果。

1. **对抗严重损害了教师的权威。**对抗后，老师和家长之间的交流受到了阻碍或被中断。孩子是知道这一切的，无论是因为亲眼看见了冲突，还是因为家长的"事后吹嘘"（"我跟你们老师直接说出了我对她的看法！"），或者仅仅因为感受到老师和家长之间的关系紧张。发生了这样的情况，老师非常清楚，在处理孩子的问题上他们是很难再得到家长支持的。孩子也知道这一点，从今往后，无论他做了什么，家长可能都会认为是老师的错。老师们预感到，孩子的家长有可能会给他们带来无尽的麻烦，甚至是伤害。因此，感受到这种威胁的老师很难行使其权威。更不用说，当愤怒的家长在背后投诉或谈论老师的时候，老师的权威就直降谷底了。

2. **对抗严重损害了家长的权威。**与老师对抗的家长往往不知道自己的权威也正在被削弱。他们甚至会认为自己的地位得到了加强，因为他们向孩子证明了自己是站在孩子一边的。确实，与老师对抗以保护孩子的家长至少能在一段时间内赢得孩子的心，但代价是失去了家长的权威，因为家长的权威很大一部分建立在了解孩子的动向之上，掌握孩子白天在学校发生的一切对树立家长的权威非常重要。但是，家长与老师发生冲突会破坏老师向家长报告的意愿，不仅是因为他们之间产生了隔阂，还因为老师非常清楚地知道，家长很有可能为孩子的问题责备他们而不是提供帮助。在许多情况下，老师不仅不会报告家长，还会告诉其他老师远离这样的家长。这样的状况为孩子在学校的处境制造了一层"沉默的外衣"，家长是很难知道孩子在学校的真实情况的，比如，孩子是不是遇到了麻烦，有没有"逃学"，或者有没有结交坏朋友等。如果家长无法知道孩子在学校的不良行为，孩子家中出现同样行为的可能性也会增加。比如，如果孩子觉得其他同学"很讨厌"，学会了出手打人，那么他在家里也可能因为兄弟姐妹"很讨厌"而出手打人。如果家长忽视孩子在学校打人的行为，就很难杜绝孩子在家里的打人行为。

3. 对抗增强了孩子的问题倾向。一旦孩子知道他们的老师和家长没有交流，就会感到没有什么好怕的。这些孩子的表现有时候显得有恃无恐，好像他们的问题行为得到了家里的许可一般。因此，家长和老师之间缺乏沟通造成了警戒性守护的死角，让孩子有了为所欲为的可能。这加剧了作为学生的困难，损害了他们的发展。在儿童早期，这种对抗造成的影响更为直接。在妈妈对着老师大喊大叫之后，小孩子在幼儿园通常会变得更加暴力。

4. 课堂的秩序感和安全感遭到破坏。老师和家长的冲突不仅对当事人的孩子有影响，其实对整个班级都会有影响，因为一个感受到威胁的老师会因为害怕受到更多的批评而不敢直面问题。通常，有戒备心的教师会倾向于回避课堂上的问题行为，以免扩大潜在冲突的范围。如果家长公开投诉老师，情况就变得更加糟糕。不幸的是，这种情况并不少见。在这种境遇下的老师有种被围攻的感觉，他们防止问题升级的唯一方法也许就是把问题掩盖起来。

详细解释家长与老师发生冲突所带来的严重后果，给许多听到我们演讲的家长和老师留下了深刻的印象。双方都变得更加谨慎，努力避免冲突，并愿意用开放的态度面对调解。校长向所有的家长和老师发出书面通知，以扩大讲座的影响力。校长在通知中重复了冲突的四个严重后果，并添加了一条声明："为了防止这种损害，我们将尽一切努力保持家长和老师之间的良好关系和合作沟通。这是我们作为学校的主要目标之一！"正如我们将在下面描述的那样，这一声明得到了具体措施的支持。

提早建立联络，用正向信息强化家校联盟。一位能尽早与家长取得个人积极接触的教师就是在为建立家校合作联盟奠定基础。就像前一章描述过的，新学年开始时给班上所有的家长一一打电话就是一个有效的做法。这一行动可以产生双重结果：在孩子出现问题时老师可以更有信心地联系家长，家长也会对老师做出更积极的回应。这些举措在幼儿园阶段就可以用起来。一位幼儿园老师如果能够在开学之初电话联系所有的家长，就很少会遭遇一些普通幼儿园常常遇到的家长的无礼行为。

如果老师在使用常规的反馈软件时，除了提供一些必需的信息外，还能偶尔报告一些关于孩子的个人情况，就会自然地强化这种家校联盟。我们需要理解的是，学校使用反馈软件确实会向家长提供一些重要的信息，但通常不提供孩子的个人情况。孩子的个人情况，尤其是含有积极元素的个人情况，会大大强化老师与家长之间的合作联盟。

在以色列的一所寄宿学校，我们对那里的埃塞俄比亚裔的儿童家长做了一项调研，我们检查了家长对学校辅导员和教师的态度。尽管在大多数情况下，这些家长跟学校没有什么联络，对学校的教辅人员感到疏离，但有几位家长还是很动情地说到了几位让他们感到亲近的老师或辅导员。当被问及为什么会特别提到那个辅导员或老师时，他们的回答是："他会告诉我们孩子的情况！他会跟我们说起孩子的好事，也会告诉我们孩子的问题！"这项研究关注的是那些通常对教育机构感到非常疏离的家长，这一发现很值得我们去注意。我们看到，正是辅导员或老师不辞辛苦、费心地向家长报告孩子个人情况的事实让家长和老师有了连结感。毫无疑问，如果辅导员或老师向这些家长提出请求，希望他们参与帮助解决孩子的行为问题时，合作的机会应该会很大。

高中老师往往不认为有必要向家长提供正向的报告，也许是因为大家凭直觉认为，像对待成年人一样直接与这个年龄段的孩子打交道就足够了。是的，也许他们值得被这样对待，但家长仍然是老师的天然盟友。向家长提供孩子的积极报告依然非常重要，家长也会为老师点赞。在我们处理过的许多案例中，家长选出的某位对他们以及他们的孩子有特别价值的高中老师，一定是那些总是能够注意到孩子积极的一面并与家长分享的老师。

如何与可能面对孩子会失控的家长打交道

有时老师们不愿意向家长报告，是因为担心家长会对孩子做出过激的反应。在某些情况下，老师的担忧是有道理的，但不向家长报告的决定仍然有问题。"家校外交"的价值在于它也能改善与这些家长的沟通。

在与"难相处的父母"打交道时，老师内心的基本假设应该是：这些家长的内心深处对孩子都有着积极的感觉和愿望，即使没有说出口。这样的家长很少得到外部环境的认可，因此不习惯接受来自任何环境的认可，更不用说来自学校的认可了。学校对这些家长的怀疑也助长了这种断裂。与这些家长的沟通从来都不是以一个中立的立场开始。不言而喻的猜疑和不满甚至在对话之前就已经"污染"了接触。但这是可以克服的，老师仍然可以用一种开放合作的方式去接近这些家长。要做到这一点，老师们必须要承认家长的积极愿望以及所面临的真正困难。与奉承不同，认可只是反映简单的真相。

例如：

"我相信，你的内心深处都是为了孩子好。虽然有很多困难，但我相信你还是想帮助他的。我也想帮助他。如果我们之间没有交流，就很难帮助到孩子。但如果我们能合作，就可以向前迈进，即使会遇到一些困难！"

即使对最难相处的家长，上面的这段文字也不偏离真相。意大利心理学家斯特凡诺·西里洛（Stefano Cirillo）对于那些特别难相处的父母（因疏忽或暴力而被法院命令前去治疗的家长）而言，是最伟大的治疗师之一。**他向人们展示出，当治疗师说出家长内心隐藏的积极情绪时，合作的机会就会大大增加，恢复家长职能的概率也会大大增加。**意识到这些家长有基本的情绪，只是跟孩子一起悲剧性地卡在了关系的困境里，可以消除指责，减少猜疑。这种理解有助于老师改变他们的方法，即使是面对很难相处的家长。例如，一位担心家长会做出暴力反应的老师可以开诚布公地跟家长说：

"我可以告诉你今天课堂上发生的事情，因为对我们来说，一起找到一个合适的应对方式非常重要。我请你不要对孩子表现得失控，因为这样做只会让事情变得更糟。你只需告诉他，你已经知道了今天所发生的一切。告诉他，我们正在一起想办法，并将一起协调我们的应对办法就够了。我想，他可能会很惊讶，因为我向你报告了这件事，并且我们还要一起合作。我相信，如果我们一起努力，我会让你变得更有力量，你也会让我变得更有力量。"

用这样的方式向家长报告孩子的情况是不会被忽略的。虽然无法确定家长是否能够做到自我控制，但可能性会大大增加。事实上，老师开诚布公地谈论家长失控的可能性以及所造成的后果，反而增强了家长的自我控制能力。每个老师都必须记住，你们不能从家长那里解救出孩子。而保守秘密只会加深父母的疏远体验，反过来又会增加不当反应的风险。相比之下，用我们所叙述的方式向家长报告孩子的情况，老师更有机会跟家长一起合作，并且家长会做出建设性的回应。

家长认为学校给孩子贴了"标签"。 如果家长觉得自己的孩子受到了侮辱，就会加剧家长与学校之际的裂痕，而学校往往是参与了这一进程的。家长的表达通常很直接，有时甚至是毫不客气的，但老实说，他们并不总是错的。我们的建议是，用尊重的姿态跟家长进行沟通来减少他们的猜疑，例如：

"我们非常重视您所反映的担心孩子在学校受到侮辱这件事。为防止这一风险，我们决定做好如下两件事：1. 关注您的孩子在各方面的积极行为，哪怕是非常小的进步；2. 一旦出现负面事件，我们即从多方面展开调查。我们会检查其他孩子的参与情况，并公开认真地听取您孩子的说法。"

这样的信息通常会缓和相互猜忌的氛围。应该强调的是，学校应该切实采取行动来支持这一信息，因为侮辱经常是一种真实存在的现象，而不仅仅是家长的偏执。

瑞恩是个期望不被满足就不甘心的孩子，并且每次受到批评都会大发脾气。刚上小学的时候，他就发作了好几次，如果不是因为老师的宽容和耐心，他可能不会被留在主流教育中。学校设法与家长建立了密切积极的合作关系，瑞恩也取得了令人印象深刻的进步。他一直表现良好，直到四年级，他在与同伴社交方面遇到了一个大麻烦。一个男孩——曾经是他最好的朋友，跟他发生了冲突。瑞恩的感觉是，现在班里有一群孩子都在针对他。

家长告诉班主任和校长，他们怀疑瑞恩在学校被大家故意取笑。但现在的情况比以前更复杂了，因为后来紧跟着还发生了一次严重的失控事件，瑞恩对一位试图帮助他安静下来的老师动手，所有人都认为瑞恩对这个环境造成了威胁。一群直言不讳的家长向学校施压，要求开除他。瑞恩的父母觉得学校在针对他们，他们的孩子被贴上了暴力儿童的标签，被看成患有妨碍自我控制的疾病。合作逐渐演变为相互猜疑，当学校要求安置委员会将瑞恩转到特殊教育学校的时候，这种猜疑达到顶峰。瑞恩的父母声辩，如果瑞恩真的患有那种妨碍自我控制的疾病，他就不可能从一年级中期到去年一直表现得那么好。此外，在下午的活动中，他一点也没有爆发。安置委员会决定再做一次努力，让瑞恩留在学校，同时为他重新融入集体提供支持和创造条件。但是，目前家校双方的相互猜疑已经非常严重，这个计划几乎不可能实现，尤其是考虑到班级家长们的骚动。

瑞恩的父母认为，孩子在现在的这个学校重新融入的可能性很小，所以他们决定把瑞恩转到另一所主流学校。在新学校里，家长、班主任和校长之间创造了一种合作的氛围。瑞恩在社交和学业方面都适应得很好，还成了一群热爱自然的孩子的带头人。几年来的随访表明，也没有再发生什么严重事件。

家校外交的原则几乎总是能够有效地改善教师与家长的关系。定期实施这些原则的老师不仅可以防止被指责和攻击，而且还可以得到家长的支持。当老师理解到，即使是"有问题的家长"，也可以设法接近、有时甚至会产生转变的时候，他就愿意做出更大胆的努力。我们在此前的一本书中曾提到过迈尔·戴维德斯科（Meir Davidesko）老师，他采取的独特举措为他赢得了"在场先生"（Mr. Presence）的称号。成为校长后，他继续致力于改善与家长的关系，即使是面对"最难缠的家长"也不放弃。以下是迈尔·戴维德斯科成为校长后的一个故事：

一位八年级男孩的父亲与老师发生了严重冲突，他觉得老师对他的儿子出言不逊。他们之间的关系一直处于紧绷状态，直到有一天这位父亲大步走进教室，在全班学生面前冲着老师大叫起来。老师和这位父亲各自找到校长投诉。老师要求这位父亲立即道歉。当校长把老师的要求告诉这位父亲，并表示认为老师的要求很合理时，父亲开始对着校长大喊大叫起来。校长说："我不会让你对我这样大喊大叫的，会议到此为止。如果你还想通过谈话解决问题，我们可以约到明天再见，但不能是这样的气氛。"这位父亲没有动身，校长遂起身打开门，离开了房间。二十分钟后校长回来了，这位父亲也平静了下来，

第三章 教师与家长的联盟

要求继续开会。校长告诉他，今天是不可能了，因为预留给这次会议的时间已经到了。但他提出，可以约在第二天的同一时间再见。这位父亲还试图坚持，但最后不得不同意第二天再见面。

几小时后，校长打电话给这位父亲，询问是否同意他亲自到他们家里见面。这位父亲很惊讶，他提醒说，已经同意安排到第二天再见了。校长回答说："我很关心你的儿子，我相信你更关心他，所以如果我们能够今天处理好这件事的话，我会很高兴。但是，请答应我，用咖啡礼貌地接待我。"这位父亲同意了这个不寻常的请求。这次的会议是在一个完全不同的气氛中举行的，校长提出了一个简单的要求："如果你对老师有什么不满，请来找我。但是我希望你能当着你儿子和老师的面，当然还有其他学生的面，承认老师对这个班级是尽职的。我保证会认真对待你的任何投诉。"父亲同意了这一要求，两人握手告别。离开之前，校长又补充道："我希望你考虑一下如何修补你在教室里的发怒给老师造成伤害的局面。我不是要你马上做什么，但我请你认真考虑一下。"第二天，校长告诉了老师他与这位父亲会面的事。老师仍然坚持家长立刻做出道歉。校长告诉她："应该不会有即刻的解决方案，但我支持你。"老师离开了办公室，但远远没有被说服。

在接下来的几周里，校长一直与这位父亲保持着电话联系。当孩子意识到他的父亲、班主任老师和校长正在合作时，他的行为有了改善。四周后，校长邀请这位父亲来到他的办公室，他们一起商定了另一项措施。父亲在老师的允许下走进教室，告诉学生们："我觉得，

055

我应该为一个月前发生的事向你们和你们的老师做一个道歉。我看到，这个学校是尊重每一个学生和家长的，所以你们的老师应该得到我的道歉，你们也应该听到这个道歉！"这样的结局也许让许多人感到难以置信，但从长远来看，它实际上只是这位父亲参与学校合作的开始。

我们并不期待老师们都采取像本例中那样不同寻常的大胆举措。我们相信，任何提升教师权威的计划都应该保证其可行性，不应期待投入过多的时间和精力。不过，在与我们合作过的每一所学校里，都有一些教师在该项目的启发下勇敢地采取了不同寻常的举措。难怪这些老师有时会取得惊人的成绩。

案例研究：微观层面的家校外交

如果老师对与家长会面中惯常出现的典型陷阱足够敏感，他通常可以更好地赢得与家长的合作。乌里·温布拉特（Uri Weinblatt）是以色列和世界范围内理解侮辱、贬低和羞耻陷阱最出色的专家之一。以下分析和案例摘自他的《家庭羞耻调节疗法》（*Shame Regulation Therapy for Families*，2018, Springer）一书。

当老师和家长见面讨论孩子的问题时，双方通常都处在一个很脆弱的心态下，这种心态甚至在交换信息之前就已经出现。家长们完全有理由感到脆弱和羞愧：他们觉得自己没有做好该做的工作，老师一定会觉得他们是坏家长。老师的内心也很脆弱，因为他觉得自己在教导孩子方面做得不成功。这种感觉增加了老师对家长话语的敏感性，他会敏感地感受到家长在话语中对他们隐藏的或公开的指责。

这种原初的羞耻感使双方变得极为脆弱，对任何迹象的贬损都无法忍受和招架，倾向于做出防御性反应，增加误解的风险。在这种情况下，中立的评论可能会被视为无礼，建议性的解决方案会被认为是试图发号施令，沉默会被解释为批评。例如：

新班主任老师在科比多次扰乱课堂秩序并拒绝听从指示后约见了他的父母。老师以描述问题行为作为开始召开了会议。

父亲：这种情况已经持续多久了？

老师：两个多月了。

父亲：您为什么一直没跟我们说？

父亲的问题引发了老师的羞愧反应。老师认为这个问题不是在要求她提供信息，而是在指责她："你应该早点告诉我们！"与此同时，父亲并没有意识到自己的问题被如何解读，他只是听到老师对孩子的问题描述时，感受了隐性的批评，因此陷入自己的羞耻感中。所以他利用这个问题"回击"了老师，以便把部分的羞耻感转嫁出去。因此，即使老师带着良好的意愿来跟家长见面，也难免开始感到不安。此时，她的回答很有可能会进一步煽动起家长的"羞耻之火"。比如，如果她辩解道："我已经告诉过你了！"或者，"在给家长的反馈软件中都有这些信息，是你们自己没有仔细阅读它们！"就非常有可能导致冲突升级，减少会议成功的机会。

如果羞耻的杂念从一开始就萦绕在心，通过表达尊重来消除这种感觉是非常必要的。否则，冲突将在羞耻感的作用下被转化为权力斗争，双方都会试图通过防御和贬损对方来获得优势。

换一种开场白可以在调节双方原初羞耻感方面发挥重要的作用。例如，如果老师能这样开场：

老师：谢谢您的光临。我知道，对许多家长来说，被老师请到学校见面并不是一件很舒服的事。我会尽我所能，让这次会议对我们都有所帮助。如果您对我说的任何话感到不舒服，请告诉我，好吗？

这样一来，老师就可以用尊重的方式轻抚柔软之处。不幸的是，她没有这样做，而是开启了另外的模式，瞬间加剧了房间里的紧张度。但即便如此，倘若老师处于最佳状态——能够考虑到双方的敏感性——也可以建设性地回答这位父亲挑衅性的问题。例如：

老师：您说得对。我确实应该早点告诉您，但我以为科比的困难会过去。我还以为我可以自己处理好这个问题，不用打扰你们。我真的很想帮助他，但现在我明白，如果有你们的支持，我会更好地帮助到他。

可以想象，这样的回应应该会增加家长积极回应的机会。但因为种种原因，老师并没有处于最佳状态，她的羞耻感引发了本能的防御性反应，她做出了自以为是积极的陈述：

老师：今天会议的目的是帮助科比，而不是责备任何人。

现在轮到母亲上场了。她根本没有听到老师的话，没有理解老师在试图引导会议朝着建设性的方向发展，她听到的是老师在暗示："我关心你的儿子，但你们只是在责备别人！"因此，母亲试图"平衡"这个羞耻感：

母亲：我们不想责备任何人，我们只是想了解为什么科比今年变得这么糟。去年他做得好多了。

现在，老师的羞耻感又升了一格，因为她认为这个母亲觉得她不如去年的那个老师。她很受伤，可能心里想说："那他可以回去找以前的老师啊！"或者，"据我所知，他去年的问题也并不少啊！"如果她能清醒过来，就会意识到这种说法只会使对抗升级。幸运的是，她回想起开会前与另外两位老师的对话。他们告诉她，他们非常欣赏她的工作，并且还就另一个学生的困扰征求她的意见。这个记忆让她对自己感觉好多了，使得她能够冷静下来回答道：

老师：我很抱歉，科比今年的表现不如去年。我会找到去年的老师谈一谈，看看他们做了什么，也许他们会有一些好点子，让我们今年也能帮助到科比。

在这个声明中，老师采取了一些重要措施来调节房间里的羞耻感。1. 她愿意承认在科比这里遇到了困难。2. 她向父母表明，她正在认真对待这些困难。3. 她表示，将以团队的形式来处理这个困难，包括去年的老师。4. 她显示出对科比的关心。作为老师，可能很难承认自己有问题，更不用说承认自己犯了错误。但正如我们将在后面看到的，作为"新权威主义"的一部分，教师得到的支持可以使老师更容易做到"不失体面地承认自己的失误"。这样的回应也可促使家长以同样的方式回应：

母亲：事实上，孩子去年也有些问题。

父亲：事实上，我们也不知道如何提高他的动机。

老师：我相信如果我们一起努力，一定可以帮助科比。让我们一起想想可以采取哪些措施来改善这个状况。

这场似乎注定要失败的谈话有了积极的转机。外交对话需要对人的尊严和脆弱性保持敏感。我们在这里描述的家校外交的广泛原则提高了教师在微观层面上对尊重和脆弱性问题的敏感度。**与家长成功对话的能力是一项可以学习的技能。**当老师能够在侮辱和贬低的雷区里成功穿行时,回报会成倍地增加:老师会对自己的能力感到满意,并能赢得与家长的合作。这将有助于改善他们的工作体验,更好地推进工作。

家长和学校教员之间的会议

与有行为问题的学生家长会面是一件很复杂的事,且有不可控因素。若想在45分钟的会议中取得成果,需要具备高超的驾驭技能。有限的时间和精力,学校频发的各种事件,以及与家长的紧张关系,都是会议成功的绊脚石。

学校顾问或咨询师的特殊角色使他们可以成为管理这一过程的理想人选,因为他们可以凭借自身的角色充当双方的桥梁。经过长期积累,我们制订出了一套模式,可以有效地帮助管理这些会议。根据我们的经验和研究,运用这套模式可以大大提升会议的成功概率。但并非每次会议都需要顾问或咨询师的参与。这里介绍的模式允许班主任、年级协调员或校长做会议主持,这样可以显著改善家校合作和孩子的行为，并强化教师的地位。

主动联络家长本身就是在传递一种积极的信息，可以提升合作的概率。例如："鉴于最近几周再次出现的状况，我想邀请您来学校与我和学校顾问会面，探讨孩子遇到的困扰，主要是一起寻找共同应对的方案。相信我们的合作会对您的孩子产生积极的影响。"工作人员在此提及的主要目标是：促成一致努力。最好通过个人途径向家长发送邀请。建议老师把即将与家长见面的消息告诉孩子，并会在会议结束时邀请他的加入。告诉孩子的时候，要用平静的陈述事实的语气，不需要有更多的讨论，更不要带有任何威胁，即使学生有挑衅的言行。还可以让另一位与学生关系良好的老师跟孩子提起这件事，告诉孩子，他知道孩子的家长要来学校谈话，但他认为这应该是一件好事。并可以补充说，如果学生需要，老师愿意帮助他。会议将分为三个主要阶段。

第一阶段：确定优先次序。确定优先次序是保证会议成功的关键因素，原因之一是，如果不加以引导、只聚焦于少数几个目标，会议就会发散，甚至会毫无结果。班主任老师在这一阶段扮演主要角色，因为他是面对孩子问题行为的人。教师对情况的描述必须强调轻重缓急："我一直在想，最近这段时间对你的女儿来说一定也很不容易。我认为，我们对她的要求应该有所聚焦，甚至缩小要求的范围，这样可以帮助她成功做到。我的意思是，在接下来的这段时间，我们需要选择容忍一些行为，这样你和我就可以把我们的共同抵抗集中在我们不能容忍的有限数量的行为上了。"

通过这种方式，老师让家长感受到，他们在为孩子着想，把孩子的最大利益放在心上。老师愿意容忍一些有问题的行为，集中精力解决那些不可接受的行为，这让老师在与家长和孩子的关系中处于有利地位，更容易获得家长的支持。至于哪些行为属于"暂时可以忽略的问题行为"，需要根据孩子和老师的具体情况而定。这些问题包括小声聊天，发出声音，不跟随课堂的指示抄写，坐姿不端正，抢话等。

一些老师发现很难列出他们可以容忍的行为，因为他们担心做出这样的让步会对孩子和班上的其他学生有不好的影响。要解除这样的疑虑，重要的是需要理解主动遏制和被动遏制之间的区别。被动性遏制意味着由于老师无法控制事件的走向而做出的让步，而主动遏制则意味着老师与其他教员和家长事先一起做出容忍某些问题行为的决定。采取主动遏制可以减少教师在克制反应时的挫败感。此外，主动遏制可以让教师在试图处理无法遏制的行为时从家长那里获得更有力的支持。最终将巩固而不是削弱教师的地位。老师绝不能因为担心这种让步在全班面前显得偏袒而动摇。差异化教育总是必需的，没有一个老师不区别对待有特殊困难的学生。

现在我们该花时间好好思考一下哪些是必须坚决抵制的行为了。我们建议，家长和老师首先找到孩子的两个主要坏行为，对它们坚决说"不"，从而确立一致回应的合法性。典型的例子包括：对老师或其他同学的口头或身体伤害，故意破坏公共财产，或未经允许擅自离开教室、旷课等。为了能够节省投入的时间和精力，并增加与家长成功合作的机会，联合抵制不能超过两种行为。会议的目的是同时强化教师和家长的力量，而只有双方明确目标，协调行动，共同应对那些最严重的问题行为时才能做到。

家长通常希望所有老师都能按照优先顺序一致行动应对学生的问题行为。尽管这是可以理解的，但这样的期待却有可能破坏整体行动计划。

因为人与人之间本来就有差异，希望所有老师行动一致是一个难以达成的目标。因此，我们建议老师告诉家长，他们会再招募一到两位也有类似困扰的老师加入这个项目。有选择的聚焦是加强而不是削弱合作。期待所有人行动一致是不现实的，会破坏实现部分但有意义的合作。正如我们将在下面看到的，在有限的小组内实现合作可以显著加强个别教师的地位。其他老师的支持只能是部分的，一定要达成完全一致的合作努力是徒劳的。

在确定优先顺序的过程中，老师应引导会议走向具体的行动和合作。一定要让家长看到，老师在为孩子着想，所有的一切都是为了孩子。优先排序的行为传达了一个重要的信息，即并非所有的问题行为都是同等重要的。不做家庭作业和暴力行为是不一样的，未经允许离开座位在教室里乱走跟拒绝拿出教科书也是不一样的。把所有的问题行为都放在同一个篮子里的倾向混淆了信息，也妨碍了合作。优先排序的过程释放的另一个信息是，权威人物的作用是有限的。这一理解有助于实现部分却可实现的目标。令人惊讶的是，理解这一点大大增强了教师的权威。

第二阶段：建立日常联系。完成优先排序后，双方应商定合作的方式：开始的头三个星期里要保证每日一次的联系，之后再根据需要进行联系。我们建议用三个星期的时间，是因为如果共同聚焦两个主要问题，三个星期的时间应该足够让我们看到结果。最重要的是，每天的沟通必须是人与人的直接沟通，而不是仅仅通过交流反馈软件进行的沟通。老师给家长的报告可以很短，不需要很长。积极正向的报告对于加强教师和家长之间的联盟尤为重要。例如："皮特今天做算术时表现得很好！"或者，"丽兹和一些同学在准备节日演出时做得很好。"发生问题的时候，家长要告诉孩子，他们已经和老师谈过了，了解了今天所发生的事，他们会跟老师一起考虑如何妥善处理这件事的。例如："我们知道你今天在班上打了一个女孩。我们要与你的老师一起想想，如何确保这种事情不再发生！"老师将与孩子每周会面一次，用"守护图表"回顾过去一周的表现。

我们建议老师们仔细想想，可以跟哪位家长保持每天的联系。有时，聪明的做法是"解雇"那位惯常跟老师保持联系的家长，尤其是如果感到这位家长很难继续消化老师发给他的信息时。比如，有些孩子有行为问题的家长表示，他们的血压波动很大，每次预感要接到学校电话的时候血压就会飙升。老师最好在会议上提及这种可能性，例如："我可以想象，学校打来的电话会给家长造成某种压力。这就是为什么我们要让通话简短、切中要害，避免任何指责的口气。我也希望能够避免把整个负担都压到你们当中的某一个人身上。爸爸，您觉得如果在接下来的一周里，我向您而不是您的妻子报告孩子的情况怎么样？她也许可以得到一些休息。"

每天电话联系的建议看起来会给老师带来额外的负担，但在我们的经验里，绝大多数老师都愿意在一段有限的时间里进行这样的尝试。一位老师给了我们一个恰当的解释："我同意这个建议，是因为这值得我花时间。我几乎每天都在和家长们做交流或发信息，那些谈话常常很花时间，有时候还很不愉快。这样一个清晰的日常联系框架对我是有帮助的，还能节省我的时间！"

"良好的投资会带来回报"，理解这一点才会更有意愿实施这一方法。德国的一个项目负责人告诉我们，项目刚开始的时候，老师们会问："我们上哪儿找这个时间啊？"几个月之内，这个问题就完全消失了。老师们明白，这个项目为他们节省了时间、精力，并减轻了压力。

第三阶段：发布声明。"声明"是老师和家长展开合作的第一个主要表达。与合约不同，声明是一种单向告知。发布声明的目的是指出老师和家长将要共同坚决抵制的行为。在向学生发出声明之前，需要事先做一些简单的准备，以便最大限度地提高合作行动的成功率。我们建议老师提前写好一篇声明的短文。当面阅读书面信息有助于老师把专注点放到要传递的信息上，并让这一刻充满仪式的庄严，阅读后还要给孩子留下一份书面文本。以下是两则"声明"的范例：

"你的父母亲、辅导员，还有我，我们聚在这里，是因为你在过去几周里出现的让人不能接受的一些行为。我们决定与你的父母一起坚决抵制这些行为，我们绝不能接受任何人对老师口头辱骂以及未经允许擅自离开教室。我将会跟你的父母每天就此进行联系，如果必要，还将邀请其他工作人员加入我们的抵制行动。我们是一些真心关心你的人，所以我们不会放弃你，也不会让你为所欲为。"

"我们——你的父母亲，还有工作人员和我，一起坐在这儿，是为了找到一个方法，阻止你上课期间在教室里随便走动的行为，以及不带学习用具上学的做法。我们决定一起密切关注你的表现，保持持续的联系。我们相信你能克服困难。我们也将竭尽全力帮助你成功！"

开会时最好把座位排成一个圈，让家长坐在老师的两边（如果两位家长都来开会的话）。这种座位安排传达了相互支持的信息。学生的座位也应提前安排好。老师要事先向家长解释，发布声明与对话不同，老师并不打算征询孩子对声明的看法以及是否接受其内容；并告诉家长，声明阅读完毕，会要求孩子离开会议室回到教室。发布声明后与孩子探讨声明的内容会减少其影响力。如果家长担心孩子会争辩、无礼或指责，老师应该告诉家长，万一发生那样的情况，阅读声明的老师不会卷入与孩子的争论中，会继续阅读声明直到结束。之后，孩子和家长都会收到一份声明的复印件，家长要把它贴在家里的冰箱门上或其他显眼的地方。

发表"声明"的目的是用一种半仪式化的方式宣告一个新的齐心

协力坚决抵制某个坏行为的开始。我们强烈建议在这个会议上迈出这一步。发布声明不是一个微不足道的步骤，许多情况下，人们更倾向于对话而非采取果断措施。这也许是为什么一些教师喜欢跳过这一步或以对话形式执行这一步的原因。然而，跳过这一步会削弱老师与家长合作的信息和会议的效果。如果没有足够的时间发布声明，或者由于其他原因（例如，孩子拒绝进入会议室）无法发布声明，可以重新安排时间。如果会议现场的状况不允许与家长一起发布声明，老师仍然可以选择与学校顾问或其他工作人员一起向学生发布声明。要说明的是，我们这里给出的会议流程和指导非常有可能令家长们愿意参与声明的发布。

　　家长和老师有时会想，如果孩子之后并没有表现出任何改善的迹象，该用什么样的制裁措施呢？我们会在这本书后面的章节专门介绍这方面的内容——如何对这种情况做出适当的反应。**但我们需要理解的是，强化教师和家长的权威主要来自二者的联合在场和警戒性守护。**研究表明，教师和家长的监督、沟通和合作是减少学生问题行为的主要因素。如果出现任何问题或状况，老师最简单的应对方式就是告诉孩子，学校和家长会一起想想该如何处理此事。家长也要告诉孩子，他们收到了关于所发生事件的报告，并询问孩子打算如何纠正。如此，家长和教师让孩子知道，他们正在协作，一起关注事态的发展。第六章将详细描述其他强有力的应对方式，如"静坐""引入支持者""增加警戒性守护"和"补偿行为"。

　　读者可能会想，我们为什么要如此大费周章地详细介绍如何筹划学校工作人员与家长的会议呢？大多数的老师都已经参加过无数次这样的会议了，这么简单的事，为什么要搞得如此复杂呢？原因有两个：1.家长和教师的会面很容易造成互相伤害，而没有任何积极进展。2.提前做好准备，使用结构化的清晰的会议流程，可使会议更富有成效。在讨论了家校外交策略后，紧跟着介绍这个项目的细节，并不是毫无意义的。外交智慧是一种防止出现可能的破裂并使会议成果最大化的艺术。这就是为什么我们要用外交智慧制订明确的会议议程。遵循这样的议程需要付出努力，但可以降低风险，并显著增加会议成功的概率。我们所制订的会议流程已经被证明特别有效。当学校能够采用这样一种会议流程（包括会前准备、清晰的议程和明确的目标），当老师用充满尊重的语言开启会议，并建立一种监督机制以确保会议决定得以顺利执行时，成功的机会就会大大提升。

加强家校关系的其他举措

在我们的指导下，以色列以及国外的许多学校都把改善家校关系作为目标。一旦意识到改善家校关系的重要性，这些学校就愿意为此投入更多的时间和精力，创建一个家校积极合作的基本面，在此之上再集中精力解决其他一些严重问题。柏林的一所学校根据新权威主义的原则通过了一项加强教师队伍的项目，并不遗余力地推进。项目组织者发起了一系列活动，旨在加强家长和老师之间的关系。这所学校之所以愿意为此付出这么大的努力，也是因为这所学校生源的多元化，不仅有从社会底层家庭到中产富裕家庭的孩子，还有许多来自移民家庭和难民家庭的孩子。以下是这所学校为吸引家长更多地参与学校活动而采取的一些行动：

- 邀请并安排所有的家长参观学校，包括参观教室及观察课堂。
- 鼓励教师把自己的联络信息分享给家长，方便家长更容易与老师取得联系，询问、表达关切以及提出要求。
- 指导所有教师尽早跟家长进行电话联系，或者家访。
- 为教师编写与家长见面的指导手册，指导教师掌控会议进程，最大限度地促进合作。老师们可以依照指导手册在教师休息室做角色扮演的练习。
- 选举各个班级和年级的家委会代表，与他们保持联络。
- 举行家长"咖啡会议"，讨论不同年级孩子的相关问题（例如，初中升高中的问题、青少年危险区的警戒性守护问题、网瘾、网络欺凌问题）。
- 为家长和老师举办有趣的活动，有时可邀请孩子一起参与，有时可独自活动。
- 为家长和孩子开设联合课程（为移民和难民家庭开设德语学习课程，以及电脑和互联网课程）。
- 跟家长一起上烹饪课，重点是有民族特色的烹饪。

- 在学校为难民家庭准备早餐。

我们一定不要被这个庞大的清单吓倒，也许它远远超出了绝大多数学校所能承担的。但正像我们一直强调的，该方法的推进是非常灵活的，可以在学校的不同层面启动，比如从某个教师与家长的尝试开始，或通过一组教师的合作推动，乃至在整个学校范围开启都可以。在有些情况下，学校会决定一起向那些通常与学校保持疏远关系或对学校持怀疑态度的家长发出邀请。这就是我们提到的柏林学校的起点。校长和学校顾问认为，就目前的情况而言，如果不采取任何措施，任由这种疏离感继续存在，学校将继续面对众多问题而束手无策。这种与家长的广泛联合系统性地增强了家长和教师的力量，并大大减少了边缘群体的暴力和影响。这样的举措对整体的士气和教师职业倦怠水平的影响是深远的，尤其是与生源相似的其他同类学校的严峻形势相比。

在下面的章节中，我们将描述一些原则和倡议。这些原则和倡议可使教师与家长保持一致，减少教师的孤独感，感受到更多的保护和支持，并使工具箱中增加了更多的选项。

把任何对教师的个人攻击看作全体教员的事。 在我们合作过的众多学校中，有一个非常有效的原则是：我们认为对教师个人的攻击关乎整个教师队伍的事，而不是教师个人的事。这一原则应该体现在校长处理问题的立场上、教师的共同行动里，以及教师与家长的互动中。

【案例1】一家连锁幼儿园的园长前来咨询。这个连锁幼儿园近期发生了两起母亲闯入幼儿园与老师对峙的事件。其中一位母亲冲着老师大喊大叫,并威胁要让园长解雇老师。这家连锁幼儿园一年前曾经发生过一起家长骚乱事件,起因是家长怀疑一位助理老师的行为失当。经过彻底调查,校长决定解雇这位助理。但这件事给老师们留下了不好的感觉,他们担心家长们一有疑心就会跑来干预。所以,当发生了家长前来吵闹威胁的情况时,老师的脆弱感是可想而知的。

园长召集所有的老师开会,向他们重申,任何对老师的攻击都是全体员工的事。然后她分别打电话给两位母亲,告诉她们,她有责任调查她们的投诉,但也有责任确保幼儿园的气氛不被家长和老师之间的对抗所破坏。园长很谨慎地与两位母亲做了交谈,并邀请她们以及孩子的父亲和相关教师一起面谈。她强调了父亲出席会议的重要性。为了强化这一态度,她还亲自给每位父亲打电话。在与家长的每次会面时,她都特别邀请了连锁幼儿园里的另外一位老师一同出席,向家长显示他们是作为一个团队来处理此事的。

会议开始时,园长重申她的承诺,将认真调查家长的每一项投诉。她让每个人看到,她的调查方式是在寻求解决方案,也在努力保护老师的尊严。谈话结束的时候她再次强调,她必须保护幼儿园避免受到家长和老师的对抗带来的影响,因为这种对抗会破坏幼儿园的氛围,并造成一波又一波的动荡,伤害每一个人。她表示,她将继续与老师和助理老师联系，以了解涉事孩子的情况，并确保平静安宁的氛围。随后，在全体教师大会上一起讨论了这些案例的处理方式，并向所有老师的助理提供了详细的报告。这样的干预之后，老师们感到自己更多地得到了支持和保护。

【案例2】一位六年级学生的母亲指责学校的老师歧视自己的儿子，给她的儿子贴上"暴力儿童"的标签，她认为自己的儿子实际上是校园欺凌的受害者。次日，她冲进校长办公室，投诉说，她经常在儿子回家时发现他身体和衣服上有被打的痕迹。她向校长重复了自己的说法，称老师盯上了自己的儿子，总是没有弄清楚到底发生了什么就不加分辨地批评她的儿子。她一边威胁要打电话给督学，一边要求校长立即处理这位老师。校长告诉这位母亲，她将很快调查此事，并承诺在几天内给她回复，告知处理方案。

在与班主任和其他三位熟悉孩子的老师交谈后，事实很清楚，确实是这个孩子在挑起无休止的争吵。然而，似乎也有几个孩子经常挑衅他，制造事端。校长告诉老师们，他们必须作为一个团队来处理这件事，向所有相关人员表明，班主任老师并不是单独面对家长的指控，同时也要让这位母亲感到她的投诉得到了认真对待。校长亲自打电话给这位母亲，告诉她已经进行了调查，她的投诉中提到其他孩子的挑衅也已经证明确有其事。她告诉这位母亲学校将采取的措施：在接下来的几周里，老师们将在每个课间休息结束和每天放学时轮流跟她的孩子谈话，了解孩子当天是否遇到任何问题，或者是否感到受到威胁或攻击。与此同时，他们还会与那些挑衅的孩子和他们的父母谈谈。每一个相关的孩子都会受到严格的监管。她补充说，班主任和其他两名老师帮助她列出了一份相关孩子的名单。在结束谈话的时候，她补充说道："我想让你知道，他的班主任老师在调查这些挑衅行为中发挥了核心作用。她并没有把你的孩子看作'问题儿童'，对此我没有丝毫的怀疑。"

后来，校长要求班主任在接下来的一周里保持与这位母亲的每日私信联系。如果没有问题，就发一条有尊重感的私信。若有问题发生，则由守护员负责向母亲报告，但要掌握分寸，不能带有指控的意味。班主任老师感受到了来自校长和其他老师的支持，她甚至写信给孩子的母亲："感谢您的重要信息！通过这段时间的密切观察，很明显地发现，大多数情况下的打架都是一帮孩子互相打闹引发的，并不是您的儿子挑起的！"几周后，学校又邀请这位母亲带着儿子一起来到学校，跟班主任和校长会面。孩子在最近一段时间里自我控制做得很好，受到了表扬。班主任老师补充说，她将继续观察，以确保事情不会回到从前的状态。

邀请家长在教室或校园里显示家长的在场感。加强家校合作的一个重要机会是邀请家长或大家庭的某位成员来到学校，在课堂上或者课间陪伴有问题行为的孩子。许多老师听到这个提议会退缩，原因之一是曾经有过被家长干扰的不良经历。我们当然会尊重这些老师的感受，但需要指出的是，如果老师和学校能够遵循本章所述原则，这种干扰就会大大减少，并有可能增强合作的意愿。一些跟我们合作过的学校，在引入该项目一年后才愿意邀请家长来到课堂或课间参与监管。起初，这些学校感到采取此类举措压力太大，只有当他们获得了一些成功经验之后，才愿意再向前迈出一步。而另外一些学校则在项目开始的当年就安排邀请家长来到学校参加会议，包括观察课堂等。

可以在班级和学校网站上发布这样的公告："今年，学校将邀请家长参加家校共育。我们会邀请家长们来到我们学校，或进入教室，或来到操场上与我们在一起。对我们来说，所有的家长都是学校的盟友！"

一些学校会定期邀请家长进入学校。而另外一些学校，只在学生出现行为问题或学业问题时才邀请家长前来。

一名十年级女孩的父亲被邀请来到学校好几次，因为这个女孩多次侮辱她的老师。她父亲就坐在这个老师的课堂上。女孩的行为并没有因为父亲坐到课堂里而立即发生改变，但大约一个月后，她对学校的态度有了明显的转变。

一个患有多动症的10岁男孩经常扰乱课堂，每天上课的最后两个小时，他的奶奶都会来到学校坐在走廊的椅子上。奶奶利用这段时间织了一条围巾，她的孙子后来把它送给了老师，作为对老师的补偿。老师告诉孩子，如果他不能安静地坐着，可以到走廊上和奶奶一起待上几分钟。几周之后的员工会议上，老师宣布了一项重要的"医学发现":"走廊里坐着织毛衣的奶奶比利他林有更好的镇静作用!"

有些情况下,卷入暴力事件的孩子被要求在两种选择中做出决定:为受害者和学校做出补偿(例如,给受伤的孩子带一份象征性礼物,并帮助学校管理员或图书管理员工作几天);或由家人陪同,直到事态完全平息下来。到目前为止,在我们所经历的案例中,孩子们都选择了第一个。

由学校代表向家长提供调解。建立一个家校调解小组对化解冲突大有帮助。

在教师休息室报告及讨论成功的调解案例,可以让老师们更愿意说出自己与家长沟通所遇的困扰。教师们是有意愿向调解小组寻求帮助以解决家校纠纷的,尤其是当冲突中遇到家长大声发泄或向校长或督察投诉的情况时。

调解员首先要做的是分别会见各方,听取他们的意见。校长必须通知家长,案件正在调查中,并询问家长是否愿意与调解员会面以促进事件的调查和解决。如果校长的建议没被理睬(例如,当家长与校长也发生了冲突时),可联系家长委员会。家长委员会通常是愿意合作的。在学校代表直接联络家长失败后,家委会代表用理解和尊重的态度联络有对抗情绪的家长通常都会被接受。

调解员告诉双方,调查的目的不是为了找出谁的过错,也不是为了惩罚谁,而是为了找到各方均可接受的解决办法。调解员告诉家长，学校很想知道到底发生了什么，希望能够做出改善。这种流程的优势之一是，流程本身就是解决方案的一部分。如果家长和老师认可这一流程，那么通往改善之路就变得很清晰。

老师们也要理解的一点是，调查的目的不是宣布谁对谁错，而是改善氛围，减少损害。调解过程基于的假设是：出于人性，冲突中的双方通常都有受伤的感觉。

一位十年级学生的母亲打电话给老师，诉说她的儿子在英语和数学的阶段性考试期间焦虑不安。这名男孩声称，试卷不清楚，考试的题目跟他在课堂上所学内容完全不同。这位母亲要求老师提前用书面澄清考试的相关材料。老师的感觉是，这个男孩的考试焦虑源于母亲的期望，她声称期中考试的材料绝对是清晰的，因为他们总是使用前一个月学习过的材料。这位母亲愤怒地回应说，期中考试压力太大了，而且其他家长也有类似的投诉。在激烈的争论中，老师说，她的儿子可能不是一个很优秀的学生，但他努力通过了期中考试。这位母亲提高了声调说，她的儿子在以前所有的老师那里都表现得更好。这位老师没有善罢甘休地说道，她认为母亲应该降低对儿子的期望，少给孩子一点压力。这时这位母亲对老师大声喊了起来，孩子的压力不是来自家里，而是来自学校。她威胁这位老师，她很快就会收到督察员的来信。

老师感到压力很大。她非常清楚，母亲真的会把她的威胁变成行动。她把这件事告诉了学校顾问，这位顾问因为孩子的考试焦虑问题一直跟她有联系。顾问问老师，她是否可以替老师为她说过的那句"孩子的压力来自家庭"向孩子的母亲做个道歉。老师同意了。顾问打电话给这位母亲，说学校一定会认真对待她的投诉，正在研究如何更好地让期中考试的材料更清晰。她补充说，老师为她说过的"男孩的压力来自家庭"而感到抱歉。她和学校都不认为这个男孩在家里有压力，他的考试焦虑可能来自其他方面。她告诉母亲，在从老师那里了解到如何提高材料的清晰度并减轻男孩的压力后，会再给她回电。

几天后，顾问再次打电话告诉母亲，经过讨论，他们决定以书面形式提供有关考试的材料。她告诉这位母亲，她觉得这个改善是一个进步，不仅对她的儿子，对全班都很有益。顾问把她和母亲的两次谈话内容转告了老师。老师很感谢顾问在危机处理中给予的支持。她决定给母亲留言，告诉她，她很高兴冲突结束了，如果这位母亲因为某些原因感到受了伤害，她愿意说一声对不起。

承认错误的困扰

在许多家校冲突的案例中，老师的行为确实是有问题的，或者至少没有采取最优的做法。但老师们很难承认自己的错误，因为他们通常被期待是完美的化身。因此，许多教师认为，承认错误可能会损害他们的专业地位。在这里我们想指出的是，整个社会对家长犯错的态度已经发生了改变，这一点也许对我们想要的教师改变具有指导意义。

直到不久前，我们的社会里还有一个普遍的完美父母的形象。作为完美父母，必须能够时刻关注孩子，对孩子的需求保持敏感，能够理解孩子，支持孩子，并在任何情况下以爱、接受和鼓励的方式回应孩子。这种完美父母的概念源自流行心理学文献的影响。这些文献强调，不敏感或缺乏同理心的事件可能会造成儿童的情感创伤。这种育儿哲学实际上是不可能的，因为每一位家长都有许多的责任，除了全心全意地照顾这个孩子，还要管理整个家庭的生活，面临谋生的压力以及关注其他孩子的需要。

"足够好的母亲"是一个有影响力的新概念，它试图将父母从时刻关注、细心照看的不可能任务中解放出来。这一概念是由精神分析学家唐纳德·温尼科特（Donald Winnicott）提出的，他指出，当母亲完美的时候，即母亲非常敏感，能够无限地倾听和回应孩子的需求，孩子就无法得到适当的发展。每个孩子都需要父母"有缺陷的反应"来培养自己的应对能力。例如，当母亲太忙而无法保持冷静或安慰孩子的时候，孩子就能发展出自我冷静的技能，这对他们的发展非常必要。温尼科特解释说，每个孩子都需要一个"足够好的母亲"，而不是一个"完美的母亲"，因为只有"足够好的母亲"，即一个通常很用心但有时太累、太忙或太专注而无法全然倾听的母亲，才能为她的孩子提供"必要的缺陷"，使其变得独立。温尼科特认为父母的过失不仅是允许的，而且是必要的！但当涉及对教师的期望时，情况并非如此。绝大多数人们的感受是老师绝不能犯错。如果老师犯错了，也决不能承认。

在我们的一次教师培训中，教练讲述了以下场景："想象一下，你刚刚上完一堂特别有挑战的课，沿着走廊去往教师休息室。透过眼角你瞥到另一个班的孩子在欺负人——推搡或威胁对方。想象一下，你感到自己非常需要一个短暂的休息以便恢复活力，所以你选择不去理会，尤其是因为这是另一个班级的学生。但随后打斗升级，攻击者和受害者都报告说，你当时看到了打斗，但什么也没做就走开了。你会如何处理这种情况？"

令人惊讶的是，在场的每位老师都说"这是绝对不会发生的"。一些老师大声地否认，其他老师也摇着头附和着。官方的观点是，老师们不会这么做。教练表示，在面临极度压力和疲劳的状况下，人们也许会这样做，但没人同意这一观点。因此，我们得到的信息是："这件事永远不会发生在我们这些老师身上！"但由于这是每天都在发生的事情（你只要放学时在校门口站上几分钟，就能看到这样的事件），官方的立场并不反映现实。我们认为，老师们真正说的是："我们绝不会承认这样的失败！"

在与家长的合作中，我们传递的信息是：所有的家长都会犯错，有时候跟孩子的互动中会有不完美的回应。我们认为，绝大多数父母都是"足够好的父母"，这意味着他们都有积极的亲子情感，都从心里为自己的孩子好，但往往因为困惑、疲劳或不够耐心而无法做得面面俱到，或者会出现失误。承认错误对于家长来说已经被看作理所当然的事了，但老师还不一样。对老师来说，似乎只要承认失败就会得出这样的结论：这位老师配不上这份工作。

在与教师的合作中，我们的基本假设是，教师之所以选择这个职业是因为他们自己想要教书，而且喜欢孩子。许多人也有某种使命感，无奈现实让他们精疲力竭——大班上课、资源缺乏、孤独、缺少支持、模糊甚至不切实际的期望、与有挑战性的孩子和家长的对抗、同事的批评……

在许多情况下，老师们感到他们的首要目标就是生存。在这样的状况下，难怪老师们会盼望着在教师休息室里静静地喝上一杯咖啡，或者在放学的铃声响起时发出一声感叹："又熬过了一天！"在这种情况下，老师们疑惑、不确定是否要对眼角瞥到的情况做出反应并不足为奇。他们当然会问自己，这是不是他们分内的工作？他们是否有办法解决这个问题？或者是否会引发不必要的冲突？我们希望能够为老师们提供帮助，甚至包括那些有极端感受的老师，那些处于极度压力下几近崩溃的、已经在工作中被迫进入挣扎模式的老师。我们的目标是让每个老师都能更好地发挥作用，而不必假装是一个完美的老师。为了更好地发挥作用，必须有一个好方法来处理错误和失败。

教师一旦感受到了支持，就能够体面地承认错误；而受到孤立、攻击或批评的教师会感到自己被挤到了角落里，更加害怕偏离预期的路线。教师必须放下"应该完美"的负担，成为更好的老师。朝着这一目标迈进的教师会逐渐摆脱孤立，变得愿意提供帮助，也愿意获得帮助。具有讽刺意味的是，正是对不完美的理解和接纳，才能令许多教师超越那份工作的狭窄定义，而获得更有意义的教育体验。

再谈"不可理喻的家长"

在本章的开头，我们描述了教师面对某些不可理喻的家长的感受。这些家长不仅不合作，而且还对老师进行系统性的攻击，他们不错过任何攻击老师的机会，散布谣言，甚至煽动孩子和其他家长跟老师对抗。许多老师把这样的家长视为严重阻碍他们工作的祸根。

我们在这一章描述了很多的方法来实现两个目标：

1. 缓解家长的敌意。无论是直接接触还是通过其他老师去接触这些带有敌意的家长，都要用尊重的方式称呼他们。这样做有助于缓解他们的抗拒感，并改善氛围。事实上，你很难让一个抗拒的家长立刻换上一副新面孔，变得积极又合作。但是，至少可以让他们的抵抗程度稍微降低一点儿，关系的品质可以提高一点儿。这样一来，抗拒的家长也许可以变成中立的家长，中立的家长变成能够接受老师立场的家长；一个乐于接受的家长可以成为一个乐于助人的家长，一个乐于提供帮助的家长则有可能变成一个完全合作的家长。即使在特别困难的情况下，这也是一个可能实现的目标。

2. 给予支持，使教师在面对有敌意的家长时，少一些无力感。一个受到支持的老师比一个独自面对难缠家长的老师感到更少的威胁，也更少无力感。

让我们回到关"不可理喻的家长"的问题上。是的，有一些家长确实很难相处，但即使如此，老师们也是有办法改善当下境况的。我们认为，教师对"不可理喻的家长"的反复投诉是一种执迷，一种负面而僵化的关注，一种"消极的催眠"。当你对他们提出改进意见时，这些老师通常会回答："是的，但对于这位母亲来说没有任何帮助！"就像一个人被催眠师控制住了一样，这些老师的头脑中无法放下家长的敌对形象。老师们必须放下对家长敌意的过度关注，而更多地关注自己能做什么。

那些对家长的激烈反应做好了准备的老师，尤其是当他们不再独自面对这样的家长时，就会改变滋生敌意的土壤。一遍遍地重复家长的敌意行为是一种消极的催眠，更像是为滋生敌意提供最佳条件的温室。另一方面，本着家校外交的精神开展工作，就有可能改变滋生敌意的"生态环境"，并改变教师孤立无援和无能为力的体验。事实证明，在我们合作过的所有学校中，家校关系都得到了显著改善，甚至与最难相处的家长的关系也得到了改善。无数的教师经历了从"感觉被攻击和批评"到"有越来越多合作"的转变。好多老师告诉我们，与家长合作的改善还带给了他们一个额外的好处：他们对自己的教育方式感觉更好了！

本 章 总 结

　　老师和家长的冲突会对老师、家长和孩子造成破坏性后果。认识到这一点并努力培养采取预防和纠正措施去化解冲突的意愿度，可以大大减轻教师的压力，提高他们的能力。"家校外交"的基本原则适用于从幼儿园到高中的所有教育环境，每一位教师都可以学习和使用。当该项目由教师小组而不是个人实施时，效果更好，尤其是如果能够得到校长的支持时效果尤为显著。如果一所学校将改善家校关系作为其重要目标，它就会努力弥合家校之间产生的任何裂痕。

　　在我们这个改善家校关系的项目中有一个很重要的部分，就是如何系统性地做好准备与家长会面谈论孩子的问题。这个准备是非常必要的，通过这样的准备可以将会议中的大部分内容变成有决定意义的事件，为改善家校关系创造真正的转折点。

　　妨碍教师采取措施改善氛围的一个常见立场是对完美的渴望。这样的渴望使得老师们无法接受任何的失败，哪怕是最可以理解的一些失败，都会被看作动摇了教师的地位。拒绝承认"即使是最敬业的老师也会犯错"，导致老师采取僵硬的防御立场，无法与家长建立合作关系。另一方面，理解"即使是最优秀的教师也不是完美的"，可以令老师们更容易获得帮助，从孤立无援的状态中走出来，即使在跌倒之后也能得到支持。教师是人。如果条件合适，他们中的大多数人都可以成为好老师。但其中一个主要条件实际上是要放弃所谓的"完美企图"。意识到老师就像家长一样，只需要"足够好"，并不会减损老师的使命感，相反，能让老师更容易达成使命。

给老师的提示

- 在你与家长的所有互动中，切记："你们在同一条船上。"
- 用积极的心理和同理心与家长接触，可以扭转许多家长的疑虑态度。
- 要尽早与学生家长取得积极的联系。
- 避免用发信息或其他电子通信的方式向家长发布大量信息。被信息淹没的家长容易做出防御性反应。
- 反馈软件上的报告不能替代一对一的个人交流。
- 多向家长报告积极事件，但不要隐瞒有问题的事件。
- 与家长发生冲突时，请考虑寻求其他工作人员的帮助。
- 一旦你觉得自己得到了支持，就更容易有尊严地承认错误并改正错误。
- 当家校关系变得紧张时，需要主动采取系统性的措施来改变这种氛围。
- 如果老师和家长之间发生了公开的冲突，最好找一名工作人员进行调解。
- 幼儿园教师比其他教师更孤独。有必要找到一种团队合作的方式，帮助他们面对苛责的家长。

- 也许不太可能让那些难以理喻的家长立刻换一副面孔,但他们对老师和学校的态度可以在一定程度上发生改变。如此,敌对的家长可以变得中立,中立的家长可以开始对学校和老师有兴趣,有兴趣的家长变得愿意接纳学校和老师,而接纳的家长就能变成我们的支持者。

第四章

教师之间的合作

"对教师个人的攻击就是对整个教师队伍的攻击"这一原则正慢慢地深入人心，并改变着教师的地位和学校的氛围。对攻击教师的事件做出适当的反应是一个很好的时机，可以用来进一步强化教师之间相互支持的立场。幸运的是，此类事件一直在发生。只要有一小部分教师愿意共同努力，相互保护，就能带动整个教师队伍联盟的进程。

教室里当众羞辱老师

欧文是"班级小丑"，他狂笑、搞怪并不停地惹恼其他同学。一些同学受到他的影响，让班级里弥漫着嘲笑和羞辱他人的风气。有一次，欧文在课堂上的干扰达到了让人无法忍受的程度，班主任桑切斯女士（也是历史老师）要求欧文去见校长，欧文拒绝了。桑切斯女士威胁要严厉惩罚欧文，但他根本不予理会，甚至挑衅地叉起双臂，低声咒骂。要是在以前，桑切斯女士会觉得自己别无选择，必须镇压这样的"叛乱"，以保持自己在班里的权威地位。但现在她知道这种正面对峙只会让欧文升级自己的行为，任何引发与欧文的口头冲突的处理方式都会让状况变得更糟。她决定使用"延迟原则"（"趁冷打铁"的原则），而不是直接对抗。她对欧文说："我会和学校的其他老师一起考虑怎么处理，并让你知道我们的决定！"她随即转向全班同学，补充道："我们继续上课吧，这样其他人就不会因为欧文的行为而受到影响！"这种处理方式使得她能够平静地上完这课堂，尽管这期间有几分钟的课堂氛围明显地有些紧张。课后，桑切斯女士找到其他老师，请求他们对欧文的无礼做出集体回应。她的请求得到了老师们的响应，因为所有教授这个班级的老师都受到过欧文刻薄语言的影响。他们决定一起行动，不仅是为了表达对欧文无礼行为的共同抵抗，也是为了改善班级里普遍存在的嘲笑和羞辱他人的氛围。桑切斯女士打电话给欧文的父母，并请那位跟欧文关系不错的体育老师坐在她的旁边一起参与。以往遇到这样的情况时，老师只跟母亲或者父亲一方进行电话联系，但这一次桑切斯老师分别与母亲和父亲进行了电话交谈。她向他们讲述了事件的始末，并表示相信他们一起合作会有助于找到一个积极的解决方案，这对每个人——家长、老师和欧文本人都有好处。她补充说，此刻她的旁边还坐着另外一名教师代表，也将出席第二天与欧文及其父母的会议。当欧文的母亲问为什么会有另一位老师参与进来时，桑切斯老师回答道："因为在我们学校，任何对老师的攻击都是整个教师队伍的事！"这些话不仅回荡在母亲的耳朵里，也回荡在桑切斯老师的头脑中，听到自己说出这样的话让她感到有一股力量在心里升起。

第二天早上离上课还有半个小时，欧文和他的父母就出现在校长办公室隔壁的房间里了。看到体育老师也在场，欧文感到很惊讶。桑切斯老师讲述了事情的始末，补充道："我们希望以一种良好的方式解决这个问题。首先，我们需要收到欧文的道歉信。我们建议你

第四章　教师之间的合作

们——欧文的父母亲，也在信上签上名字。我们相信这样做能够帮助欧文，因为你们的签名会让欧文在道歉的时候感到被支持而不是被羞辱。我们很在乎他的尊严，我们希望他能够为自己的错误行为造成的损害做出修补，但不感到被羞辱。"随后大家就这封信的内容进行了简短的讨论。很明显，欧文不仅要向老师道歉，还要向全班道歉，因为他的行为也影响到了全班同学的学习。欧文和他的父母承诺会写这封信，并在第二天上学时带来。桑切斯老师补充道："这封信能够为实际的补偿行动铺平道路。为了消除不良行为带来的负面影响，欧文还必须为学校提供服务作为补偿！"现在，轮到体育老师提出解决方案了。他建议欧文在接下来的一周里，每天放学后跟他在一起做半个小时的义工，帮助他整理和清扫学校的体操房。第二天，欧文带来了一封由欧文和他的父母一起签名的道歉信。同时，从那天起，他每天放学都会来到学校的体操房，帮助体育教师整理和清扫房间。

　　几天后，桑切斯老师和另外两位老师一起来到了班里。桑切斯老师报告了欧文事件发生后采取的一系列措施，也提到了欧文父母提供的帮助，以及欧文的真诚合作。她补充说，事件到此为止，欧文现在是一名声誉良好的学生，拥有出席学校所有活动的权利。其他老师也做了发言，并告诉全班同学，他们想利用这个机会向孩子们表明坚决抵抗嘲笑和侮辱他人的立场。他们告诉学生们，不管是谁遇到攻击或者看到朋友被攻击，都可以向学校里的任何一位老师和辅导员报告。随后，孩子们进行了热烈的讨论，一些学生勇敢地表达了他们对嘲笑他人这种风气的失望。老师们郑重宣布，他们打算随时掌握情况，为每个人提供安全和有保护的环境。如此，对欧文错误行为的处理变成了直面更广泛问题的理由和动力。

这里所描述的干预措施的一个关键方面是它对教师地位的影响。尽管最初这位老师看起来像是一位向同事寻求帮助的人，但在处理过程结束的时候，她已经是一位有能力与伙伴相互赋能的领导者了。她是这个过程的发起人，并为老师们创造了一个能够相互支持的机会。这是新权威主义的主要特征之一，不仅以学生为中心，教师也是学校的中心。但有时很难说服老师去邀请他的同事一起参与，因为人们普遍认为，每个老师都应该独立解决问题。为了克服这种看法，我们必须拆解一下这种观点背后的信念。

"如果我请求帮助，就代表我是软弱的！"

这一立场不仅反映了教师内心的假设，也反映了家长们的假设。老师们担心，寻求帮助会使他们在其他老师和孩子们面前显得软弱。普遍的假设是，一个拥有真正权威的老师是不需要向任何人求助的。任何缺乏应对能力的人都被认为缺乏权威感，是软骨头。这是一个不容忽视的保守观念，因为当老师转向同事寻求帮助时，经常会看到那样一副表情，像是在批评自己："我这里就永远不会发生这样的事！"一些孩子非常清楚如何利用人性的弱点。例如，一个孩子看到他的妈妈得到了支持者的帮助时可能会说，"你难道就不敢独自行动吗？"一位老师告诉我们，她有次听到两个学生之间的对话，其中一个学生对她的朋友说："今天咱们老师输了！我打赌她会去向其他老师哭诉的！"

新权威主义的理念试图改变人们对力量和软弱的普遍看法。新权威主义的力量是一种积极的力量，它并不通过试图占据统治地位来获得。新权威不是鞭子，它是锚。老师，就像家长一样，发现了坚持、自制、决心和相互支持的力量。她的声音变得充满力量，不是因为提高了声音，而是因为她是合唱团中的一员。她的声音跟其他老师、校长，有时还有家长的声音产生了共鸣。老师不必仰着脖子，皱着眉头，眼睛冒火，用吓人的面部表情来显示自己的力量。事实上，在这种表情背后，许多教师的心理都极度不适，内心满是疲惫无助的感觉。教师职业倦怠的部分原因是，表面上用尽全力地传递威胁的力量，内心深处却觉得自己没有多少资源和支持。肾上腺素的不断调动、肌肉的紧张和厉声训斥的努力，与挫折感和无助感的交替，都是职业倦怠的原因之一。新权威主义提供了解决这个难题的方法。

通常来说，有了第一次的成功经历之后，教师们就开始理解新权威主义的好处了。即使是通过间接的经验，比如其他老师的案例报告，也会激发出老师们的兴趣并走上改变之路。公开透明是新权威主义的基本要素之一，也为其传播创造了良好条件。教师的行为不再冲动，而变得更坚持，教师的相互支持也开始增加。从前的权威表现在时不时地进行权力镇压，如今则表现在持续的相互支持和信息共享中。权威不再是个人魅力的展示，老师们开始用"我们"而不是

"我"来体现权威。

通过"支持网络"带来的权威呼唤着孩子们的加入。由一群富有责任感的成年人结成的联盟是有吸引力的，它迎合了孩子们的内心对归属感的需求。归属感是每个人内心深处的需求，即使有些孩子表面上一副漠不关心的样子，他们的内心也强烈地渴求着归属感。青少年易于被帮派组织吸引即反映了他们对归属感的渴望。解决这一需求的秘诀就是由一群富有责任感的成年人组成"我们的联盟"，形成巨大的吸引力。如果一切运转得当，当这群成年人传递出稳定的、强大的和有吸引力的团队精神时，就会对孩子们的归属需求产生真正的呼应。我们经常会看到一些从前被帮派吸引过去的孩子，在收到老师和家长设法向他们发出的真诚邀请——"来吧，我们有了自己的部落！欢迎你的加入！"——之后给出的积极反馈。

一个跟犯罪团伙有牵连的男孩开始受到家长和大家庭成员的密切、坚决监督。他的父母和那些支持者甚至毫不犹豫地出现在他跟"问题团伙"混迹的地方，向他的朋友们表明，这个男孩身后有一大队的护送人员。没过多久，这个男孩就离开了这个团伙，与家人重新建立了关系。他笑着解释他的决定："我能怎么办？你根本逃不掉这个家庭，他们比黑手党还坏！"

在本章开头描述的欧文案例中，我们采取的一系列举措都是发出归属的邀请。我们要求欧文的父母与他一起书写并提交道歉信，是为了加强他的家庭关系。老师声称，他们很在意欧文的名誉，也是为了给他一种伸出援手的感觉。邀请跟他关系良好的体育老师加入则是为了结成更为广泛的联盟。最后，老师当着全班同学的面明确地宣布干预的结束，对欧文的回归表示了欢迎。尽管老师们一起对这类行为表达了坚决的抵制，欧文依然感受到了一种真诚的开放和接纳。渐渐地，他在"想要与众不同"和"想在校园里找到属于自己的位置"这两种渴望之间寻找的平衡发生了改变。

有时老师们会对这种做法提出质疑，因为他们感觉这种做法像是在奖励问题行为。事实并非如此。的确，孩子得到了受人尊重的地位和归属的拥抱，但这并不是因为他的问题行为，而是因为他愿意选择重新连结。如果我们在责备和说教的氛围中与孩子接触，这样的选择是不会出现的。谴责和威胁使得孩子感到迈向合作的每一步都是无法接受的投降。难怪在这种情况下，孩子往往更喜欢通过坚持自己的挑衅行为来重申自己的地位。

我们所描述的处理过程不仅提升了孩子的地位，也提升了老师的地位。团队一起行动就是在证明，老师的名誉并没有受到不好的影响，她的同事们都愿意帮助她。老师并没有因为请求帮助而变得软弱，相反，她强化了自己的地位，其结果远远超过单打独斗所能取得的任何成就。

"在尤西这儿没用！"

对新权威主义常见的疑虑之一表现在对"不可理喻的学生"的畏难情绪，尤其是涉及邀请其他老师一起合作的时候。他们会说，"对这个孩子可能没有帮助"。例如"在尤西这儿是没用的！"这一说法像一块磁铁吸引了每个人的注意力。如同我们前面描述的关于"不可理喻的家长"的对话一样，这种关注就像是一种"消极的催眠"。有时，当一部分教师反复谈论"不可理喻的学生"的恶作剧行为，以证明团队将要采取的行动是无用的时候，就会出现"快乐的失败主义"氛围。类似的情形在我们与家长的治疗工作中也经常发生，当我们提议引进支持者的时候，他们就会说"对我们的儿子来说，根本不会有任何区别！"或者，"他不在乎别人怎么看他，对他来说，这根本没有帮助！"我们的回答很简单——我们还没有遇到一个不受公众舆论影响的年轻人。孩子们非常适应公众舆论，并且善于利用公众舆论为自己获利，例如去削弱父母的力量。他们如此敏感是因为他们能够感受到舆论的力量。因此，当一个青少年对她的父母说："你是唯一一个不允许孩子这样做的父母！"就是在利用公众舆论实现自己的目标。我们把这种把戏称为"青少年的洗脑宣传"。问题是，我们如何能够更好地利用他们对公众舆论的敏感度，而不让它成为带来负面影响的工具？

  我们的基本假设是，即使在一个特别顽劣的学生心中，也有积极的声音；即使在某种情况下，这些声音可能是极其微弱，甚至是休眠的，但也是存在的。为了说明孩子的头脑中有许多声音的假设，我们用"大脑的内部议会"来比喻。孩子的大脑在某个时刻会被"问题声音党"控制，它们催促孩子追求即时满足、令人眩晕的刺激和坏的伙伴。即便如此，我们仍然认为孩子的内心深处还有其他的声音，它们会在适当的环境下找到自己的表达，发挥它们的影响力。有时候，我们会收到这种声音存在的明确信号。因此，当家长开始对青少年的危险行为进行关爱守护时，他们可能会听到孩子异常的反应："你们怎么可以这样？你们让我很难堪！"但是在细微之间，家长们仿佛也能听到相反的声音："不要停下，不要走开，不要放弃我！"

一名14岁的女孩每天晚上都从家中消失，住在不知道什么地方。她的父母亲和大家庭成员展开系统性行动，试图与这个女孩、女孩的朋友和朋友的父母取得联系。她以强烈的愤怒回应，并以父母的做法使她"尴尬"为由羞辱她的父母，称他们是"可怕的猫"和"搬弄是非的人"。几周后，她急性阑尾炎发作住院接受了阑尾切除手术。当她从手术中恢复过来时，她向祖母和叔叔坦言，她最大的恐惧是一出院就会回到以前的生活状态中。她的叔叔拥抱了她，说："即使那样，我们也不会放弃你，我们会继续寻找你！"女孩微笑着，用温暖的拥抱回应。

严重智障的儿童，尤其是那些没有语言能力的儿童，似乎不受公众舆论的影响，因为他们的残障可能阻碍他们接收社交情感信息。在一所采用"非暴力抵制"[①]的学校里，有一个男孩对其他学生和工作人员暴力相向。他踢了一名工作人员的腿，几分钟后该工作人员和两

[①] 非暴力抵制（NVR, Non-Violence Resistance）是作者和研究团队发展出来的一种新权威主义方法，用来帮助家长和老师应对孩子的不良行为。

名同事回到他的身边，其中一人与男孩关系特别好。他们引起他的注意后，在他面前重现了刚才踢腿的动作，并说："不可以！"同时用肢体语言强调。他们一次次地表演给他看，慢慢地，暴力事件大幅度地减少了。

即使没有明显迹象表明联合表达的效果，展示出集体抵制的态度也是至关重要的。原因是，联合抵制传达了抵抗暴力和破坏性行为的决心。通过传递这样的信息，强化了教师的地位。

托马斯是一名九年级的学生，在学生中间有很强的负面影响力，他能设法说服其他人一起加入对老师的羞辱。托马斯最喜欢捉弄的是语法老师。每当老师转过身在黑板上写字的时候，教室里的一些学生就会开始弄出一些怪叫声。而当老师转回身面对全班同学时，怪叫声则会立即停止。托马斯知道如何隐藏在被他煽动起来的团体背后，因此很难确定他就是这场集体羞辱背后的始作俑者。语法老师向其他老师核实，他们是否也遇到了类似的事情，果然，这种叫声伎俩正在蔓延，并极有可能引发其他班级学生的模仿。于是，六名教师组织起来轮流来到各个教室值班，每次三人或四人一组，共同抵制羞辱行为。老师们宣布，学校工作人员已决定就这个问题采取共同行动。他们宣布，某些学生偶尔会被选送到其他班级坐上几个小时。并补充说，学校很快会安排与发生羞辱行为班级中的一些学生家长会面。在与家长的对话中，老师们表示，学校正在密切关注他们的孩子，部分原因是要确保他们不被有负面影响力的孩子卷入有问题的倡议中。如此一来，可以把家长带进老师发起的活动中而无需直接指责他们的孩子。当家长们问起，为什么把他们的孩子挑出来的时候，老师们以积极和支持的语气说："我们正在密切关注事情的发展。这样做将保证您的孩子不会因为他们没做的事情而受到指责。我们确信这样做可以让他远离负面的影响，特别是如果他知道你们正在和我们合作的话。"托马斯的父母也收到了与其他父母相同的信息。这项倡议结束了这种现象，并大大减少了托马斯在学生中的负面影响力。

"我们喜欢谨慎行事，避免让任何孩子在别人面前感到难堪！"

我们生活在一个珍视隐私和自由裁量权的社会里，在这个社会里，关起门来解决问题和一对一的处理方式几乎总是被优先考虑。与学生私下成功地达成协议，似乎比暴露给其他人的解决方案要好。教育工作者认为，任何暴露问题行为的做法，哪怕是在教师内部暴露，在某种程度上都是违反保密协定的。我们把这种一刀切的、不容质疑的立场称为"隐私本能"。这种本能反映了人们愿意把问题保留在私人或私密泡沫中的倾向。我们在与寄宿学校的合作中发现，那些上夜班遇到暴力事件的辅导员有时会告诉孩子，只要这种行为不再发生，他们就不会让第三个人知道。即使是老师也不能避免这种"关上门自己解决问题"的倾向。我们不赞成任何这样的解决方式，因为它剥夺了其他孩子和老师了解并感觉学校正在采取坚决行动反对负面行为的权利。学校因为隐私本能带来的问题并不少见，一个典型的例子是应对暴力儿童问题的做法。人们往往认为，心理治疗是应对暴力儿童问题最专业的回应，因此学校通常会规定孩子必须在学校接受心理治疗。这一决定引起孩子家长的抵制（没有人征求家长的意见，询问他们是否能负担得起治疗费用，或是否能让孩子配合治疗等），使得这种治疗几乎注定会失败。事实上，对严重行为问题的强制治疗已被证明是一种无效且有时具有破坏性的解决方案。原因是个人治疗等于把公共领域的行为问题转移到了私下处置：现在，问题正在治疗中，每个人都必须等待治疗达到效果。这种个人治疗的方式成了孩子问题行为的保护伞，有可能破坏孩子最需要的关爱监督。这时，如果父母想要加强监督，孩子会说："这是我和我的治疗师之间的事！"

任何暴力事件、羞辱、排斥或系统性骚扰事件都关乎每一个人。整个班级都要确切知道老师了解事件的始末，正在采取果断行动为大家提供保护。没有必要提及所涉孩童的姓名，通常孩子们都知道是谁。即使不知道，他们也只需知道为解决问题所采取的行动就够了。学生们还必须知道，治疗不仅限于直接与事件有关的教师，还包括整体教辅人员。这种处理方式从根本上改变了"暴力生态"，即改变了使虐待和羞辱关系永久化的环境条件。

许多反对者说，暴露问题行为会伤害孩子，因为他们会感到羞耻。普遍的假设是，羞耻感是一种破坏性的体验，暴露问题行为会导致强烈的、可能是创伤性的羞耻体验。因此，在老师和学生之间制订出一个私下解决方案似乎是更为合理的，因为它可以让孩子免受无法忍受的羞耻感。这一立场反映了人们对羞耻体验的本质和影响的误解。羞耻当然是一种不愉快的经历，但它并不必然具有破坏性。相反，它是儿童发展过程中的必要体验。羞耻感是一种需要适当调节的情绪，有时需要下调，有时需要上调。在某些情况下，有必要采取措施减少当事人的羞耻感（例如对一个遭受羞辱的孩子），但在另外一些情况下，则有必要增加羞耻感（比如对一个吹嘘自己虐待他人的孩子）。在这些情况下，如果能在支持而不是排斥的氛围中增加孩子的羞耻感，则有助于儿童的正向健康发展。例如，当孩子收到这样的信息："我们都很关心你，并相信你能够克服这个问题，但你必须停止暴力！"这里既明确地提到了消极行为，同时也传达了对孩子的信心，并建立了支持的关系。在这种情况下，孩子的羞耻体验就是在积极的情景中发生的，这些感受就是可控的，可以被很好地消化处理。另一方面，在排斥情景中经历的羞耻感不仅令人不快，还具有破坏性。例如："你以为你是谁？除非你肯道歉，否则你永远不属于这个班级！"两种羞耻体验的情景差异对于干预措施是否能够有效实施至关重要。我们希望，作为公共干预中的一部分的羞耻体验发生在充满支持的情景下，令孩子感到有归属感，被欢迎，而不是被孤立和排斥。

"但是我们没有支持者，我们学校的每个老师都得靠自己！"

孤独并缺乏支持的经历令教师成为一个特别困难的职业。一个最常见的描述教师孤独感的表达是："一关上门，老师就全靠自己了！"当教师休息室变成"八卦集团"的天下，或者当集权式的校长使用分而治之的策略时，教师的孤独体验就更深了。在某些情况下，仅仅经历几次这类体验，就可以结束老师原本可能成功的教师职业生涯。

然而，孤独并不是教师这一职业的命运使然，而是某种心理和习惯的结果。对大多数教师而言，缺乏能够让他们在同事面前提出问题并合作解决问题的场景或程序。这是因为一向以来的主流观点是"自己的问题要自己扛"，"每个老师都要靠自己"。

教师联盟其实"远在天边，近在眼前"。在与各个学校的合作中，最令我们欣慰的惊喜之一就是老师们的热情。他们愿意提供和接受帮助，并乐于结成教师联盟，只要能够为他们提供这种机会。你会感到，老师们一直都深知自己的合作能力。有时他们会简单地说："实际上我们一直都知道！"这种反应类似于心理治疗中的新洞见现象，所谓"真正的洞见"是发现了一个众所周知的真理："我事实上一直都知道！"

在指导顾问主持的一场教师讨论会中，有人提出了一个问题：为什么学科老师在处理问题学生时不愿意积极与班主任老师合作？班主任们说，当学科教师不向他们报告，或者报告却不试图合作寻找解决方案时，他们很难提供帮助。诸如："汤姆今天在历史课上捣乱"或"恩雅需要治疗多动症"之类的报告让班主任感到沮丧，感觉像是学科老师把球传到了她的球场，说："你来处理吧。"另一方面，学科教师则声称，他们不认为班主任有兴趣让他们参与寻找解决方案。这样的讨论差点儿就要升级为相互指责，但指导顾问很明智地及时将对话停在这里，然后将参与者的注意力聚焦到以下问题上："你们希望是什么样的？"每个人都清楚，班主任老师很希望学科教师参与一起解决孩子的问题，而学科老师也愿意更多地参与。随后，指导顾问将教师们分成由一名班主任和几名学科教师混合而成的小组开展讨论，要求每个小组制订出一个联合计划，共同应对有问题行为的学生，并在第二天开始实施他们的方案。在下一次的教师会议上，各小组分享了他们的经验。一位英语老师说："我们以前怎么没有想到这么做？"许多人跟她有一样的感受。

显然，班主任和学科教师之间的合作是一件很自然的事。班主任老师希望学科老师取得成功，部分原因是这也是他自己的成功。学科老师乐于帮助班主任老师以及接受班主任老师的帮助，是因为这样做也增加了他们的归属感，提升了工作的有效性。这就是为什么这些老师比较容易一起制订方案和实施联合项目。这个案例中令人惊讶的一点是，这些老师的合作愿望以前看似并不明显。在与不同学校的合作中，我们得到的印象是，加强班主任和学科老师之间的合作是一个有待采摘的成熟的果实。但只有生出合作的渴望才会让行动更有动力。接触到"新权威主义"这一概念后，老师们的合作愿望大大增加，他们有时会采取令人惊讶的主动行动：

做勇敢的老师

有一所实践"新权威主义"一年多、一直致力于提高教师权威的小学，课间休息时的混乱突然增多，孩子们很难返回教室上课。而且这种骚动还蔓延到了课间休息后的时段，影响了学习氛围的创建，让老师无法按时上课。老师们在教师休息室提起这个问题，并进行了讨论，有两位老师认为，有必要在课间加强监管老师的人数。但这个建议并没有得到积极的响应，部分原因是老师们非常需要休息。会后的第二天，提出建议的两位老师宣布，他们决定进入校园，加入课间守护员的队伍。虽然这项倡议最初受到了一些老师的批评，但结果证明学校的合作氛围已经形成。到第一周结束的时候，更多的教师加入了这项倡议。课间的气氛明显得到了改善，每个人都得到了好处。两周后再次提出这个话题时，自发参加课间监管的教师人数已经相当可观。在这种气氛下，系统地增加课间休息的教师监管人数的建议很容易就通过了。

有什么成果唯有通过教师之间的合作才能取得？人们普遍认为，教学上的成功完全取决于教师的个人魅力："一位老师要么有魅力，要么没有魅力。"如果老师有魅力，就不需要什么联盟或合作，单凭自己的魅力和美德即能实现目标。如果他没有，做什么都没用。我们对这一假设持不同看法。魅力和教育技能当然是教师的特质，我们中的一些人会比另外一些人更有天赋，这是毫无疑问的。但是人们对于"一切取决于教师个人魅力"这样的结论有两点保留意见：1.在某些情况下，即使是最有魅力的老师也很难发挥作用。为了说明这一点，让我们做一个思维实验：想象有这样一个班级，里面的孩子都是老师们在整个职业生涯中所认识的最具挑战性的孩子。不仅如此，还有一些令人不安的因素，比如极具挑战的社区环境、不可理喻的家长群体和缺乏经验的校长。这样的班级大概可以击败任何老师，哪怕是最有魅力的老师。2. 有了同事和校长的大力支持，即使是普通教师也能更好地应对具有挑战性的学生和班级。我们的结论是，魅力是一个存在的事实，我们衷心希望每一位老师都有与生俱来的教书天赋。但只有天赋和个人魅力有时候是不够的。令人高兴的是，有了良好的支持系统，每个人都可以取得较好的成绩，哪怕我们不是天赋异禀，也并不才华出众，只是一些有着美好初心、愿意努力工作的老师。正如我们已经说过的，这本书是写给现实生活中的普通老师的。老师中的"超人"可能不需要它，至少在没有遇到一个让他们明白自己也是普通人的班级之前，可能还不需要这些建议。

新教师或代课教师的案例：创造连续性

在带班老师的连续性被中断，而接班老师无法得到相关信息的时候，问题学生的行为通常会变得更糟。这些问题孩子往往因为内心的躁动不安，很难保持平衡，持续性地正常发挥。在教育环境发生突变、充满各种信息冲突时，这种倾向更为糟糕。自体心理学的创始人、伟大的治疗师海因兹·科胡特（Heinz Kohut）指出，自我感脆弱的患者经常会体验到分裂和崩溃的感觉，缺乏自我认同感。根据科胡特的说法，当治疗师向他们发出诸如"你现在跟我说的事情让我想起了两个月前你告诉我的一些事情"之类的信息时，他们的反应是放松的和有整合感的。科胡特声称，即使治疗师还没有说出两个月前发生的事件是指什么，患者已经表现出稳定、更专注和自我补充的迹象。科胡特说，这是因为患者感觉到他们生活的不同面向在治疗师的头脑中整合到了一起。因为治疗师将他们生活中的不同事件、时间和碎片联系了起来，让患者体会到了心理上的连贯性。我们认为这样的事情也发生在每个孩子的身上，当孩子生命中重要的成年人向他们展示出一幅连续的画面和位置时，他们也能体验到心理上的连续性。当孩子看到身边的成年人在遇到麻烦时能互相通报并协调方位，尤其是他们明确知晓大人们正在保持联系和协调行动时，孩子就有了一种有序的体验；当班主任告诉孩子"我听说你今天打破了跑步记录"，或者历史老师告诉她"我很高兴听到数学老师说你很擅长数学"时，孩子就体验到了老师们的团结。这种连续性体验也会出现在报告问题行为的时候。例如，当老师告诉一群学生："我知道了昨天打架的事，我们正在一起思考如何确保这类情况不再发生。"或者对一个逃学的孩子说，"你的老师告诉我，你昨天没来上学。我们正在与你的父母取得联系，以保证不再发生这样的事"。孩子的体验是，她的身边有一个了解她、支持她的网络，保护她不会从裂缝中跌落出去。教师之间的合作带给孩子的连续性体验会在孩子的头脑中创造一种秩序和安全感。

替补老师或新老师有时会觉得自己像是没穿救生衣就被扔进了深渊。她只是收到了一条信息"某个班级需要一个替补老师",就来到学校进入了一个她一无所知的班级。好一些的情况也不过是被告知课程教到了哪个章节。如何确保她不仅替代缺课的老师在课堂上授课,还能替代缺课老师履行其他职责,这个问题似乎无人提起。如果全班的学生都把替补老师看成一个"临时插曲",那么这种状况对老师和学生都是有害的。此外,如果一个新老师不能在以前的基础上接管一个班级,而是一切"从头开始",那么其中的难度也是可想而知的了。

雅艾尔是一位五年级的新老师,几年前她曾经获得过优秀教师的荣誉称号。她发现班上有两名学生在殴打和戏弄一名三年级学生,并向他勒索糖果和金钱。事实证明,同样的事情去年也发生在同样的孩子身上。但当时的一切是由前任班主任处理的,其中的细节没有被公开,雅艾尔也没有被告知。事件发生后,校长非常愤怒,召集所有五年级班主任和三年级老师开了一次会议,她认为这是可耻的,是教育的失败。雅艾尔为自己辩护,并诉说前任老师没有通知过她。校长回答说,这并不能免除她的责任。雅艾尔怒气冲冲地走出会场,感觉受到了校长和前任老师的背叛。她走进教室,怒气冲冲地对孩子们说:"发生这样的事情,为什么我不知道呢?我认为,你们每个人都有责任!你们怎么能允许这样的事情发生?

怎么能够看着一个伙伴受到那样的虐待而不求助呢？"教室里人声鼎沸，一个女孩告诉老师，实际上有些女孩去年看到过这种霸凌行为，并向老师报告过。但这并没有安抚雅艾尔的情绪，反而让她觉得学生也在指责她。

如何防止这一类的失败？一位新老师或替代教师如何得到足够的支持，做到有备而来，给学生传递一种连续感呢？

六年级的老师丽娜因为需要入院保胎，不得不缺席一段时间。替补老师朱迪去医院看望了丽娜，听取了关于班级状况的简要介绍，并请丽娜老师为学生们留言。丽娜觉得有两件事需要保持连贯性。一是她已经开始通过布置小组作业的方式让班级的孩子们在社交和学业方面学会合作，学生们需要一起工作并提交他们的联合作业。另外一件是，她一直在试图帮助一名患有上学恐惧症的学生重返学校，三个与患恐惧症学生关系良好的孩子每天轮流给他带作业。丽娜就小组作业一事给全班留了一段话，还给另外三名帮助有恐惧症学生的孩子写了一段话。朱迪一走进教室，就告诉孩子们她见到了丽娜老师。她说，丽娜老师目前的状态很好，但还不确定什么时候能回来。朱迪老师补充说，丽娜已经给大家写了一条关于小组作业的信息，并宣布在她授课期间这些作业也要继续完成。她还告诉全班同学，她很高兴得知一些学生自愿帮助缺课的同学重返课堂。她让这三个学生来找她，向她介绍情况，并为他们的朋友带去每天的学习材料。卧床休息一个月后，丽娜回到了学校，那时离预产期还有两个月。她告诉学生们，她已经见过朱迪老师，从她那里得到了很多情况的更新，并且很高兴听到学生们是如何完成小组作业的。另外，那个患有恐惧症的学生在此期间几乎完全回到了学校，她对这位学生表示了欢迎。

每一位代课老师都应该问一问连续性的问题。一个不知从哪里冒出来的代课老师总是比一个"带着前任老师在场"的老师更脆弱，影响力更小。例如，代课老师最好让前任老师为他提供关于整个班级、有特殊问题的学生以及需要引起关注的信息。这一要求本身是对前任教师的尊重，反过来也会影响到代课教师的功能。与我们合作的学校的一位代课老师说，他总是在带班之前与前任老师取得电话联系。他会对前任老师说："我不想没头没脑地进入课堂，因为我是你的继任，所以我觉得只有接着你的工作继续下去，才有机会成功。如果你能跟我一起想一段话送给这个班级的学生，应该对我很有帮助。也会在你我之间架起一座桥梁，对每个人都有好处！"当代课老师带着前一位老师的口信开场时，就创造了一种支持和连续性的体验，并增强了他的在场感。有时所需要的只是这样一句话："我和你们的老师谈过了，我知道……"就像前面讲述的科胡特的例子一样，这样的开场白会给学生一种连续感。代课老师必须向学生澄清，她也会在正式老师回来时向她进行通报和更新班级的情况。因此，代课老师不再是没有过去、未来或没头没脑的一段插曲，而是教育链条上的一环，给孩子一种包容和安全感。

愿意强化教师权威和地位的学校可以系统性地改善新任教师或代课教师的前景。以下是一些学校的具体做法。

a. 让新任教师接受关于新权威主义基本原则以及如何在工作中运用新权威主义的简短培训（1-3次）。培训由校长、指导顾问或协调实施该方法的教师提供。新教师对这些培训通常反应积极。其中一些人公开表示，他们对开始新的工作感到担心，但这些方法帮助他们缓解了焦虑。

b. 学校制定了一套系统性的程序帮助新任教师融入。新任教师接班时，需由一位经验丰富的工作人员（校长、辅导员或前班主任）陪同进入班级，向全班介绍新任老师，并告诉全班，新任教师将会定期向他们报告学生们的进步。新老师也会带来前任老师的信息。例如，前任老师会给全班的留言，告诉学生们，她将收到新老师的简报，并向全班家长介绍这位新老师。

c. 每位代课老师都必须与临时缺课的老师取得联系。如果有困难，则必须与指导顾问交谈以获得该班级的相关信息。通过资深教师或辅导员，简要告知代课教师一些需要特别关注的问题。

d. 学校为新任教师和代课教师开设在线支持论坛，有时与其他学校合作。邀请老师们阅读前一年的讨论，并参与当前问题的讨论。这样的论坛让新任教师的困难和担忧得到理解，更容易进行调整，并使他们乐于接受支持。

e. 学校给新任老师传递的信息是，头几个月是调整期和挑战期，他会需要额外的支持。校长和顾问告诉新任老师，他们愿意了解老师的困难，并会根据需要给予支持。

f. 学校保持惯例，保证每位新任老师工作一个月后即举行调整会议。会议由校长和学校顾问主持，目的在于听取老师的意见，了解他需要什么额外的帮助，以便最好地完成调整。会议开始时会告诉新任老师，谈话的目的是为了给他提供帮助和支持，而不是为了评估。

保护儿童，同时加强权威人士的地位

在《家长的警戒性守护：保护孩子的安全》一书中，我解释了家长对孩子采取关怀性监督的意愿度在降低风险和建立家长合法权威方面的重要性。这种关怀性监督不是家长单独采取的行动，而是与他们身边的不同人员以及孩子共同采取的行动。教师也是如此。教师的监督是学生安全的最佳保障。关怀性监督也是加强教师合法权威的重要工具。这种态度不能由单个教师独自承担，而应由团队合作来传递：教师们建立起一个警觉和敏感的联合网络，像一个分布合理的雷达网络一样运作。这样的监督网络不仅用于发现情况，还用于协调回应，其结果比单个回应要有效得多。

教师的关怀性监督适用于学业问题、纪律问题以及防范风险行为。我们已经介绍了单个老师如何通过监督作业来加强他的权威，教师的联合监督则有可能加强整个教师队伍的权威。当老师 A 告诉某个学生，他和老师 B 谈论过他的时候，这两位老师的地位均得到了加强。当然，谈话不应涉及隐私话题，而只应围绕行为和学业方面的表现。重要的是要以尊重的方式传达每一句话，例如："我们在教师会议上谈到了你，并决定互相通报你的作业情况。我们都相信，如果我们能一起帮助你，你就会克服现在遇到的困难！"相互通报也有助于防止学生被污名化，提升学生的信心。比如，当一位老师发现某位学生能够在他的课堂上表现得更好时，则表明这位学生身上有其他老师还没有留意到的能力。例如，一位老师可以对有学习困难的学生说："听文学老师说你在她的课堂上很活跃。我在想怎么能够找到一种方法来帮助你在我的课堂上表现你的才华？"通过这种方式，老师向学生表明，他在这个课堂上的糟糕表现并没有成为掩盖他所有成就的污点。当教师之间的信息分享不是偶然的，而且是系统性发生的时候，联合监督的价值就得到了特别强化。例如，老师们可以在一个共享页面上记录他们对学生的观察，班主任老师就能根据上面的信息跟学生进行每周的对话。由此，班主任老师和学科老师的地位都得到了加强。此外，偶尔邀请学科老师参加班主任和学生之间的每周谈话，也会让学科老师的地位得到额外的强化。

当教师共同对抗暴力和风险行为时，教师的权威会得到显著增强。共同对抗暴力和风险行为可以营造良性循环，权威感提高了风险防御的有效性，而有效的风险防御反过来又加强了权威感。权威感与信任感密切相关。每个领导者都知道，他们的权威与追随者对他们能力的信任密不可分。当信任被破坏时，领导者的权威也会遭到破坏。

由团队提供的关怀性监督体验传递了安全感。可以用三幅图片说明这一点。**a. 团队监督像一张安全网。**当学生们发现老师们在对抗暴力和其他危险的斗争中彼此通报、相互支持的时候，就会感受到有一张安全网。这张安全网划定了边界，它给出的信息是："我们在这里！我们不允许任何胡作非为！"安全网也表达了支持，它传递的信息是："我们在这里！你并不孤单！"**b. 团队监督像一只锚。**当老师们相互通报和彼此协调时，学生们会感受到老师们是相互支持和稳定的。就像一个多点固定的锚，当锚的三个强壮的尖钩牢牢地固定在大地上时，它的稳定功能会大大增强。而只有一个尖钩的锚（就像老师单独操作一样）能否确保船只的安全则难免令人生疑。**c. 团队监督像一座灯塔。**灯塔能够清楚地标记出水面下危险岩石的存在，团队监督也能更广泛地发布清晰的信息，让更多的人看到这些信息。即使只有一位老师出现在地平线上，学生们也会感觉到这个区域被照亮了，危险被标示出来了，所有人都能看到潜在的危险。

在对家长的警戒性守护的研究中，我们阐述了整个负责任的成年人群体（父母双方、大家庭或者父母和老师合体）传递的警戒性守护的态度如何被孩子们所接受，从而使得孩子逐渐发展出自我照看能力的过程。同样，当由教师团队进行监督时，学生们更有可能接受老师的监督。一所践行教师团队监督的学校，能够创造一种相互负责的道德风气。学生们也因此学会相互负责。

认识到团队监督带来的好处，为学校教辅人员（如辅导员、学校心理咨询师或校长）打开了广阔的行动空间。这些教辅人员可以通过建立有组织的预警系统（我们称之为"应急小组"）来启动和促进果断行动。这个想法来自一个旨在防止严重校园暴力的项目。该项目的设立是因为意识到大多数极端暴力案件中都有早期预警信号，几乎总是有人听到过、预测过或警告过这些危险信号。该项目的创始人证实，当学校里有一个专门小组去发现和收集警告标志并策划预防措施时，这类风险的水平就会急剧下降。研究结果超出了所有预期。尽管在项目的第一年，大约有800个警告被归类为非常严重（该研究在30所学校进行，包括数万名学生），但该项目的实施阻止了暴力事件的发生，没有一例威胁被成功实施。

"应急小组"的启动分为两个阶段：a.赢得学生的支持并创建举报通道；b.定期召开员工会议，评估报告并策划预防措施。

a.赢得学生的支持并创建举报通道。人们注意到，学生并不经常报告他们遇到的暴力事件。普遍的看法是，学生不愿意报告是由于不想被视为告密者。这样的解释是不适当的。事实上，把举报暴力事件的学生贴上告密者的标签正是欺凌者想要的。用"告密者"一词作为诅咒是霸凌者惯用的宣传手段。令人惊讶的是，当学校努力用简单、安全的方式向学生提供坚定的保护时，很多学生都愿意做出完全不同的反应。在与我们合作的所有学校中，当为学生开通了明确且有保护的举报通道时，报告的频率显著提高。学生们似乎只是想在投诉之前确定学校是否会认真对待他们的投诉。为了赢得学生们的支持，首先要在所有班级举办讲座。讲座由班主任和项目组长或辅导员共同主持。讲座开始时，向学生们介绍这项保护学生免受暴力和其他危险伤害的特别计划，并邀请学生参与该保护项目。邀请学生们参与保护计划，鼓励暴力受害者或目击者，或有迹象表明受到威胁的学生或学生群体报告他们的遭遇。可以把项目组长或辅导员的号码留给学生以保证举报者的安全，甚至允许匿名举报。我们给学生们举了一些例子，说明如何举报。例如，"6C班的利维正在被班上的一些女孩欺负。她的境遇很糟糕！""有一个八年级的男孩上学时炫耀地带着一把刀，很多孩子都害怕他，从来不敢对他说不。""一群九年级的学生决定今晚在公园里殴打另一群学生。""我的一个同学艾丽丝说她厌倦了生活！她听起来很绝望！""在我的7A班上，厌食症越来越流行。已经有四个女孩在这样做了，而且这种现象正在蔓延！"在向孩子们列举了这些案例的报告后，应该提出两个问题进行讨论：1. 此类报告是告密还是忠诚和勇气的证明？2. 学校该采取怎样的行动保护举报者和受害者？告密者的问题相对简单：对大多数学生来说，典型的告密（"老师，杜迪抄袭了测试！"）和重要举报之间的区别是显而易见的。绝大多数人不认为对勒索或欺凌事件的举报属于告密。渐渐地，学生们理解了"告密者"一词是霸凌者的宣传用语，他们开始大声抗议这一说辞。在一个班级里，当霸凌者对着一个孩子喊出"告密者！"的时候，一些孩子骄傲地回应："我们是告密者的班级！"第二个问题与学校为保护举报人采取的措施有关。为此，首先必须提供匿名举报的可能性，放学后再谨慎地了解更多的信息。安全举报的另一个选择是利用学校辅导员的角色。辅导员的房间是一个中立和受到保护的区域，在那可以谈论令人不安的问题。此外，一些教师也可以为学生提供安全感，令他们敞开心扉。最后，当项目负责人向学生们简要介绍了以往的案件处理、向受害者提供的保护以及针对问题学生采取的措施后，学生们的举报意愿就提高了。如此，营造了一种建设性的反抗氛围，并蔓延到越来越广泛的孩子和成年人中间。

b. 风险评估和预防措施。在进行谨慎的初步调查后，必须传唤相关学生进行谈话，听取他们的意见，并告诉他们，学校将密切监督他们。这时候，学校里的不同角色应该一起站出来表明监督是一项联合行动，而不是一项孤立的举措。当老师和家长收到危险信号的报告时，需要告知孩子，他们的行为被看到了。应该指定一名工作人员定期与孩子进行跟踪谈话，向他表明学校和家长对他的一切了如指掌。谈话和额外的监督措施不应以责备或威胁的语气进行，因为说教和谴责是无济于事。有时候，制裁是必要的（例如，当学校的章程中已有相关规定），但需要理解的是，首要任务不是惩罚，而是保护。"保护先于惩戒"的规则对于实施有效监督至关重要。

大卫和肖恩是八年级的学生，他们俩有过竞争和争吵的过往。在一次两人对骂后，大卫给肖恩发了一张纸条："如果你有胆量，晚上8点在购物中心旁边的公园等我！"肖恩拿着纸条找到了学校辅

第四章 教师之间的合作

导员。辅导员为此找到校长。这个书面的威胁给出了明确的地点和时间，表明事件发生的可能性很大。此外，大卫以前也曾参与过斗殴，有过不良记录。辅导员迅速召集了一个行动小组会议，包括班主任老师和项目组长。校长收到了相关报告后，也表达了对团队的支持。行动小组的工作人员把这两个男孩逐一招来对话。大卫显示出挑衅的行为，他拒绝道歉或采取任何补偿措施①。老师分别联系了两个孩子的家长。她告诉肖恩的父母，请求他们协助加强对儿子的保护。两个孩子被告知，课间休息时只允许在指定的地点或区域逗留。根据学校有关章程，大卫受到停课三天的惩罚。停课期间，班主任老师和行动组组长与大卫和他的父母进行了电话联系。大卫回到学校时，校长召见了他，并告诉他，他现在已经是一名声誉良好的学生了，但学校还会继续对他密切监督一段时间，以防发生危险。因此，放学后他必须在学校待上半个小时才能离开，以避免放学路上的暴力风险。此外，他还被要求在接下来的一周里每天课间在校内完成"打卡任务"，让所有值班老师看到他，证明他表现良好。这段时间结束后，校长又给他的父母打了一个电话，告诉他们大卫的行为发生了积极的变化。最后一次约谈后，取消了对大卫的所有限制。

亚瑟是一位高中一年级的新生，他告诉自己的两个朋友："我讨厌在校车上被人取笑和推搡！明天我会带些东西来结束这一切！"大

---

① 补偿措施的使用将在第六章展开讲述。

117

约两周前，两个朋友中的一人到过亚瑟的家里，亚瑟给他看了他父亲藏在壁橱角落里的枪。这位朋友向第三位朋友提到了亚瑟的威胁，他们一起去辅导员那里报告了情况。校长从辅导员那里听到这件事后，找亚瑟进行了一次谈话，并决定让他在放学后留在学校进行彻底的调查。在与校长的谈话中，亚瑟否认了枪支问题。但是他提到，一些高二和高三的学生总是在校车上欺负他，他再也受不了了。校长打电话给他的父母，报告了亚瑟给他的朋友看枪的事以及他的威胁。亚瑟的父亲来到学校，证实了确实有枪放在那个地方。谈话结束后，他从家里移走了枪支。学校要求亚瑟的父母在接下来的几周里密切监督他们的儿子。辅导员与家长坐下来一起设计具体的监督计划，其中还包括亚瑟的叔叔和祖母。亚瑟被要求在学校接受一次彻底的心理测试和检查。检查发现，这场危机与他大约一个月前遭受的欺凌有关。对同一校车上其他孩子的调查也证实了亚瑟的控诉。校长传唤了三名涉案男孩及其父母，向他们报告了威胁事件，并调查了三名男孩的欺凌行为。在这起案件中，学校还聘请了社区的一位警官协助。该警官在学校里很有名，曾经在解决困难案件中提供过帮助。警官单独约见了亚瑟和另外三个男孩。校长和辅导员也约见了这三个男孩，告诉他们，他们的行为几乎迫使亚瑟做出极端行为。这三个男孩被禁止乘坐校车一个月。学校的报纸上报道了这一事件及其处理方式，但没有透露孩子们的姓名。这个事件提供了一个展开讨论的契机，班主任老师组织孩子们一起讨论了报告风险事件的必要性。辅导员还指导班主任老师，如何向学生们描述所发生的一切，同时避免涉及有关孩子的细节。许多学生都意识到对威胁保持警觉的重要性,并赞同那位同学的做法,看到危险的迹象及时报告才能防止可能发生的灾难。

加强教师的声音并制造公共舆论

单个教师挺身而出反对破坏性行为与一群教师一起行动完全是两回事。更多教师的加入增强了单个教师的声音,使其变成了"我们的"而不再是"我的"声音,增加了抵抗措施的合法性。当家长也加入这场抗争时,教师的声音会变得更有力量。有了这样的支持,教师的行动不再需要披上强硬的外壳。这场抗争不再被怀疑是单个教师的一时兴起,却在影响力和合法性方面得到了增强。渐渐地,学生们的声音也加入了进来,为破坏性行为增加了更多的阻力。但在整个过程中,必须避免将霸凌者逼到墙角的倾向。我们的目的不是惩罚,相反,要帮助他们有尊严地改正错误,修复受损的关系和名誉。这是公众舆论的积极压力,而不是为了让他们投降或令其羞辱性地失败。我们希望有问题行为的孩子可以选择体面的方式停止他们的破坏行为,而不会遭遇整个社区的"胜利欢呼"。

当团队作战成为学校处理问题行为的标志时,用积极舆论形成压力获得广泛支持就会形成新的势能。这样的学校将不再被看作漠不关心或无能为力的,而是坚定且团结的。这样的公众舆论不是通过墨守成规的高压形成的，教辅人员组成的支持网络为用不同方式解决各种问题提供了空间，这种多样化和丰富的解决问题方式使得即使特别有问题的学生也能在学校找到归属感。

突破正面冲突的禁锢，向挑衅、抗逆、挑战的学生伸出援手

在我们的职业生涯中，大多数人都曾遭遇过与学生的正面对抗。身处那个当下的我们仿佛被逼到了死角。当我们的内心喊出"有你没我！"的时候，就好像被一种力量束缚着，感到别无选择。这时候，除非那个学生选择无条件投降，否则任何解决办法都会让我们感到难以接受。学生的心态也是一样的。面对投降要求的学生可能会感受到极端的威胁，会把投降看作对他的否定。这时候他的内心也会响起"有你没我！"的声音。

在这种情况下，最好的解决方案是借助团队合作的力量。通常总会找到一位与问题学生的关系相对更好一些的老师，可以由这位与学生有特殊关系的老师为这个学生提供一些选项。这些选项如果是由其他老师提出，很有可能被立即拒绝。这类的情形在我们的家庭生活中也会发生。对有些青少年来说，他们很难接受来自父母的建议，但同样的建议如果来自他们尊敬的其他长辈，就会被欣然接受。

我在 13 岁的时候决定成为一名素食主义者。我的母亲是犹太大屠杀的幸存者，她一辈子都在担心我们吃不饱。听到我的素食决定，她变得歇斯底里，大喊着："这很不健康！"她认为我必须要吃肉才能健康长大。母亲的抗议声越大，我的素食主义立场就越坚定。我觉得向母亲屈服就是放弃我的原则。她的压力使我更加坚定了自己的立场。突然，她停止了叫喊和说教，采取了另外一种方法来冷却我的素食热情。她带我去叔叔家参加了几次周末聚餐。叔叔家举行的奢华烧烤，足可以把一个圣徒变成食人族。尽管我很爱我的叔叔，尽管烤肉的味道无比诱人，但我觉得"绝不能投降"。想象着我母亲脸上可能洋溢出的胜利者的微笑，我感到难以忍受。但我的母亲不仅是一位焦虑的犹太母亲，还是一位社交高手。母亲知道我对亨雅太太评价很高，她是我们家庭的朋友，也是唯一一位我会单独前去拜访的朋友。亨雅太太是一位受过高等教育的女性，她经常向我推荐书籍，并且是第一个向我介绍古典音乐的人。亨雅太太打电话给我，邀请我去听她新买的唱片。我们约好第二天见面，她盛情款待了我。在我们谈话的过程中，她不经意地说道："我听说你决定成为一名素食主义者！这是一个多么美好的想法！当然，有研究声称它会降低一个人的性能力，但据我所知，这一点还没有得到确凿的证明……"后来，我们继续着素食主义的讨论，谈论着巴赫和莫扎特的音乐。我离开她家以后，径直去了汉堡店。后来，我的叔叔邀请我在我妈妈不来的那天去吃烧烤。在那个没有我母亲在场的中立环境里，我很容易地加入了他们的宴会。

做勇敢的老师

抗逆学生重返学校通常是一点一点的和渐进的，不会像上面这个例子这么简单。但随着时间的推移，变化也同样是显著的。

艾拉（12岁）是一名有特殊需求的学生，很容易表现出抗逆的姿态。他的抗逆通常发生在感到压力或威胁的时候，但有时也没有什么明显的理由。最近，他总是拒绝在课堂上拿出书本。如果老师要求或催促他，他就会粗鲁地回应："别烦我！""闭嘴！"或者用挑衅的眼神看着老师。因为无聊，他会经常打扰其他同学。他的频繁干扰让大家对他越来越不耐烦。有两个朋友跟他吵翻了，他们决定不再和他说话，还让他离他们远一点。以前艾拉也曾有过几次对抗，但从没像这次这么严重。以前的几次对抗通过私下谈话都帮助他回到了合作的状态。可这一次他跟老师之间竖起的高墙似乎怎样也无法逾越。学校辅导员试图找出导致这种困境的原因。但是在老师的印象中，课堂上没有发生过任何特殊事件。他们试图从他母亲那里了解家里最近是否发生了什么困难，也没有找到任何线索。校长决定召开一次会议讨论此事，有两位曾经教过艾拉、跟他关系不错的老师也被邀请前来参加会议。此外，班主任老师还邀请了曾在机械室的老师麦金太尔先生参加会议。麦金太尔先生已经退休一年了，但他很高兴被邀请参加会议。麦金太尔先生主动提出到学校看看能否帮助艾拉摆脱他的严重抵抗姿态。他开始每天早上来到学校，把艾拉从教室里带走两个小时。他重新打开关闭了一年多的工作室。这个工作室从他退休后一直处于关闭状态，因为没有人接替他的位置。他请艾拉帮助他重新整理这个工作室。大概花了一个星期的时间，艾拉才放松下来并开始说话，虽然他说的都是对老师的控诉以及对抛弃他的朋友们的愤怒。可以看出，他对自己在班里的地位受损感到很恼火。在另外一次会议上，一位年长的老师想起来，艾拉的祖母是一位很棒的面点师，一年前学校举办活动的时候曾经带来过一个很棒的蛋糕。这位老师记得，艾拉当时告诉她，他正在学习烘焙，将来想到面包店当面点师，赚很多钱。有人建议邀请他的祖母参与进来，或许他的祖母可以充当桥梁，帮助艾拉至少在一定程度上重返课堂。与此同时，麦金太尔先生开始与艾拉谈论他以前提到的想在一家面包店当厨师的计划。艾拉纠正他的错误，说："那叫'面点师'。"麦金太尔先生谈到他很渴望吃到艾拉祖母的传奇蛋糕。他建议艾拉和奶奶一起烤蛋糕，然后带到教室里。这将使他能够"像国王一样回来"，而不是像一个被责骂的孩子。麦金太尔先生建议说，他可以跟艾拉一起进到教室，一起切蛋糕，分发给每个人。艾拉犹豫不决，这一步对他来说似乎有点儿迈得太大了。麦金太尔先生建议"从一小步做起"，艾拉可以先把蛋糕带到工作间，他们可以一起在工作间享用，或许还可以邀请其他人来一起享用。他们真的这么做了。老师联系了艾拉的母亲和祖母，谈论了艾拉带一块蛋糕来工作间的点子。麦金太尔先生还和艾拉一起谈论了都邀请谁来工作间一起分享蛋糕的细节。艾拉想起了去年的那两位老师。麦金太尔先生建议把那两个跟他闹掰了的朋友也请来。他说自己可以做中间人，去帮忙邀请，这样艾拉就不会觉得是自己在祈求他们了。

艾拉同意了。在工作间一起吃蛋糕的时候，两位老师、两位朋友，还有一位以前辅导过艾拉的助理老师都来了。参与者热情地说服艾拉可以做一个大蛋糕带到班级的教室里。一位老师说，这可以是艾拉作为未来面点师的第一次活动。还剩下两块蛋糕，艾拉同意邀请一位现任老师来到工作间，分给这位老师一块。这让艾拉重返课堂变得容易起来。麦金太尔先生建议，正式活动的时候，艾拉可以先给两位老师分蛋糕，然后再给其他同学分蛋糕。后来这一活动变成了学校里人人皆知的"和平蛋糕"仪式。仪式结束后，艾拉重新回到学校，接受了两位现任教师和助理老师的辅导。麦金太尔先生继续作为志愿者每周两次来到学校。他不仅帮助艾拉，也帮助其他的孩子。他也觉得自己重新融入了社会，为漫长的退休生活找到了一个很好的活动。

本 章 总 结

合作和相互支持使老师们能够有效地应对困难问题，并增强其权威感。但老师们往往不愿意让同事参与进来。他们担心寻求帮助会让他们看起来很软弱，他们认为那些问题学生不在乎别人的看法，怀疑别人是否愿意帮助他们，他们认为私下悄悄地处理问题的方式是更可取的做法。然而，那些成功的案例证明，这些保守的想法和做法是需要改变的。邀请同事参与帮助解决问题传递的不是软弱，而是"宽大的肩膀"。教师的合作创造了"我们"而不是"我"的信息，为老师的权威加入了合法性和更强的影响力。认为问题学生不在乎成年人对他们的看法在大多数情况下都是不成立的。孩子们对人们怎么看待他们非常敏感，他们嘴里说的"我不在乎！"通常只是一种伪装。通过齐心协力的团队合作，教师不必陷入正面对抗的僵局，能够通过其他与孩子有连结的人打开孩子的心门，摆脱困境。很多老师认为"每个人都只能靠自己"，没有人愿意帮助别人，最终证明这只是一个迷思。"非暴力抵制"（即新权威主义）的重要特点是持续地报告和分享，让每一个难题的成功解决成为整个学校的资产。积极的反响会波及学生和家长。孩子们可以感受到，他们的世界不再那么混乱和脱节。家长们也对这些富有建设性和充满尊重的举措感到惊讶。学校的新老师或代课老师可以通过与前任老师和其他工作人员保持联系而摆脱孤独感。应急小组的活动能够在显著降低学校风险水平方面做出独特的贡献。教师在学生和家长心里的地位以及社区中的影响力变得越来越强，尤其是当学校通过"雷达网络"及时识别出危险信号，采取了积极措施，成功防范危险事件之后。

提　示

- 当你在某个学生或班级那里遇到了麻烦时，其他的老师很有可能也有类似的麻烦。

- 记住，乐于提供帮助和接受帮助会给每个人带来"宽大的肩膀"。

- 人们的相互合作与协调具有传染性。一旦发生，就会形成一个积极的循环，每个人都会因此变得更强大。

- 当你心里想"在这所学校，每个人都得靠自己"的时候，应该知道，大多数老师只是在等待一个一起工作的机会。班主任老师正在等待学科老师的帮助，学科老师也在等待班主任老师的帮助。而新任教师和代课教师都渴望得到原来的教师的帮助。即使是学校里拥有最高权力的校长，在自己管理的象牙塔里表现得云淡风轻或难以接近，他也希望有人能够帮一把。

- 如果你是一名新任老师或替补老师，请记住，给老教师或前任老师打电话求教可以缓解你的情绪，提升你的能力。代课结束时再打一个电话，可以确保你的贡献不会被忘记，还会一直留在你身后。

- 可以让你的同事参与进来强化你的信息，提高你权威的合法性。

- 当你陷入一种"有他没我"的对抗时，请记住，最好放弃决斗心态，找到一种方式进行团队合作。作为团队一起去面对，更容易找到接触学生的方法。事情结束时，你会感到自己得到了支持，学生会感到自己得到了一个摆脱困境的机会。

- 如果你是在全校范围内任职（辅导员、组长、校长或副校长），可以开展"应急小组"活动，提高学校对危险信号的敏感性以及保护和预防的能力。
- 团队行动创造了一种"我们"的感觉。但一个明智的团队不会把挑衅的学生逼到角落里，而是让学生感到有一扇改变的大门正在向他打开，为他创造一种归属感。

第五章

校长的角色

第五章 校长的角色

"这些年来我和两位校长合作过。一位像狮子一样为老师而战，完全不顾及家长的意见。另一位则屈从于家长的任何要求，完全不在乎老师的想法和感受。"这一描述把校长定位为绝对忠诚于某一个阵营的人物。但事实上没有一位校长长期是这样工作的。他们很快会发现来自各方阵营的巨大压力。在某些情况下，甚至新闻界、学校董事会和市政府都会参与进来。人们使用谷歌的快速搜索会发现，学校里的事件会迅速引发"全面战争"：家长们要求学校停课，校长起诉家长，媒体给学校上"私刑"，教师抵制校长……事情发展到如此地步，每个人都会受到伤害。学校不可避免地失去正常运作的功能，学生们也失去了安全的空间。这样的冲突令冲突中的每个人流血受伤，就像一个家庭纠纷报了警又闹上法庭引发的离婚之战，很少有孩子能安然无恙地走出这种困境。

即使事情的发展没有走到如此极端的程度，校长们也承受着极大的压力，有时大到无法承受。看一眼众多的校长招聘广告，就知道满足这一职位的要求有多么难。一位高级教师表示，她与一位关系密切的主管进行了交谈，表示她正在考虑申请一份学校校长的工作。这位主管告诉她："如果你想进入拳击场，那就去吧。如果你想全身心地投入教育，应该有更好的选择。"事实上，"拳击场"的比喻忽略了校长最困难的一个方面：他们总是在多条战线上战斗。正如与我们合作的一位校长所说："校长需要对上级主管、学校董事会、家长、老师和学生负责。这些不同群体的要求经常相互冲突。当今的移动互联网增加了紧迫感，使一切变得更加难以应对。学校里的每一个问题，任何一个团体认为令人反感的一句话，都会被迅速地发布在各种社交平台上，或者送到上级主管或学校董事会的手上。人们期待校长能够为每个问题提供即时解决方案。校长应该能够迅速回应、做出决定并立刻解决问题！校长就像是一个有许多主人的奴仆，有时候觉得自己就像是被困在围城之中。"

这些压力解释了为什么我们认为校长需要新权威主义的方法。遵循新权威主义指导方针的校长将不会感到那么孤独、被围攻、不知所措和无计可施。校长的各种能力会大幅提升，从感召教辅人员，改善家校关系，到带动整个社区的活动，校长不再感到自己是一个围城中的人，而变成了鼓舞人心的领导者。新权威主义使用的语言对于校长、教师、家长和各类社区领导人都是一样的，为协调行动提供了更好的可能性，并为解决冲突提供了明确的方向。

新权威与传统意义上的权威不同，它并没有把校长视为无可争议的领导者。我们认为，传统的权威加深了校长的孤独感，得不到应有的支持。在当今时代，试图通过指令、命令和威胁来展示领导力的做法迟早会导致对抗，而最终会暴露这位旧式校长赖以生存的摇摇欲坠的基础。每一个领域的管理都是如此，尤其是在教育领域，好战的权威创造了一种破坏其根本价值观的氛围。

在前几章中，我们阐述了教师如何增强他们的在场感，改善他们与家长的联盟关系，并彼此赋能。在许多情况下，这些行动都是由教师团体，甚至是由某一位教师启动的。我们在教师休息室和学校的网站上看到许多案例展示和报告，它们都在推广这种方法。当校长决定采用这一方法加强教师在学校的权威，以改善所有人的安全感和学校氛围的时候，这一过程就会凝聚起力量和势能。

校长主导下的转型：两个世界，同一方法

想象两个不同的世界：一个是以色列最贫困城市中的一所有宗教背景的男子学校，当地大多数人的社会地位和经济状况处于平均线以下；另一个是瑞士的一所普通学校，位于世界上最富有和最美丽的地区之一，那里的人们大多数生活在崇尚秩序、规则以及彼此尊重的社会环境中。尽管这两所学校的社会背景和基础完全不同，但是它们的校长均认为，新权威主义是树立学校权威，建立规章制度和氛围最适当的方法。这两所学校的具体实施方案不同，但过程却惊人地相似。

瑞士学校最初试图实施强制性制裁。也就是说，针对一系列的违规行为，学校已经预先制定了清晰无误的强制惩罚条例，因此处罚将是违规行为的自动结果。强制性制裁的条例都是老师们提出的。他们相信，通过这种方式，教师的权威将得到加强，他们也不再因所实施的惩罚而受到"指责"，因为这一决定由学校颁布，并自动具有约束力。新学年开始前，在教师休息室举行了一场关于强制性制裁的马拉松式的讨论。讨论结束时，老师们就一项违规行为的强制性制裁达成了一致：不允许学生使用手机，即不允许学生在课堂上或学校其他

活动中使用手机。只要违反这一规定，手机就会被没收，第二天才会返还给本人。开学前夕，学校向家长们通告了这一决定。这项规定在前一年就已经得到了有效实施，老师们都很支持这项规定。这一制裁措施后来也依然保持了下来。但当涉及其他纪律问题时，老师们觉得他们需要的是具有灵活性的、不强迫他们盲目实施的解决方案。

以色列学校的起点完全不同。新校长走马上任是因为学校陷入了严重的麻烦：学生对学生、学生对教师的暴力行为，普遍存在的考试作弊，低毕业率，以及非常低的学生和教师满意度。这一严重情况导致许多教师离职，吓跑了未来的家长，成为当地媒体的头条新闻。目前尚不清楚新校长的任命是学校关闭过程中的中途措施，还是拯救学校的最后尝试。

这时候，两所学校的主要负责人首先接触到了新权威主义（非暴力抵制）。瑞士学校接触到新权威主义是因为当时在瑞士有一个关于新权威主义的研讨会，该校的校长、副校长和学校顾问都参加了这次会议。三人都深信，该模式为他们的学校带来了希望，并认为新权威主义的实施应该是循序渐进和模块化的（不同的原则可以分开一一实施，而不必一次性全部到位）。另一个共识是，该方法不应取代正常的权威措施，而是作为一种补充。还有一点很重要的是，允许教师公开表达他们的保留意见和担忧。领导小组知道，如果不提供这样的机会，对变革的抵制就会在私底下出现，破坏变革的顺利进行。在新学年开始之际，全体员工都了解了新权威主义的基本原则。

在以色列学校，新任校长成立了一个新的领导班子，由学校顾问和三名经验丰富且有影响力的教师组成。校长和领导团队参观走访了好几所学校，学习各个学校处理严重纪律问题的不同方法，其中有一所多年来一直采用新权威主义的学校。领导团队一致选择了新权威主义的模式。他们确信，可以用这种模式调动员工，并获得大多数家长的支持。校长首先为员工们做了一场关于新权威主义的讲座，随后举办了一系列培训会。

这两所学校都确定了该项目所依据的主要原则。以色列学校确定了四个重点：1. 加强教师个人和教师团体的在场感；2. 防止冲突升级和延迟反应；3. 展示出教师联盟、协调一致的系列行动；4. 用非暴力抵制的行为作为与严重纪律问题坚决抗争但避免冲突升级的方式。瑞士学校在这四个重点里还增加了补偿的要素。

以色列学校的校长亲力亲为带头示范这些原则。首先，他向所有的老师和家长发送了一条信息，说明他将如何处理学校里出现的一些问题。消息中提到了延迟原则（"趁冷打铁"）。校长宣布："不要期待我立刻提供解决方案，除非为防止直接伤害或风险必须采取措施。我们会在与员工充分讨论和协商后给出解决方案，并会在决定做出之际向所有相关人员公开发布。全体员工将本着谨慎和负责任的态度坚决执行。"这一声明成了学校的指导原则。校长办公室率先带头实施。当家长带着这样或那样的要求前来拜见校长的时候，他会恭敬而专注地倾听家长的诉求，并承诺在几天内告知处理方式，但绝不当场做任何决定。他一举改变了每位校长都熟悉的压力源之一：要求学校立刻给出解决方案。学生们也熟悉了这一原则。他们明白，即使校长或某位老师没有立刻在现场处理发生在教室或校园里的事件，稍后也会处理，而且会非常彻底地处理。

在以色列学校，开学第一天的欢迎仪式标志着新方法的隆重启动。校长和几位老师站在学校入口处欢迎学生，给孩子们分发糖果并附上欢迎的便条。班主任老师和学科老师在每间教室里等待着学生们，他们用这样的姿态向学生发出"我们是一个合作团队！"的信号。在开学的第一节课上，每间教室都有两名教师同时出现，这个有意义的举动增强了班主任老师和学科老师的联盟。第一天结束时，所有的老师都聚集在一起议论开学当天的情况。他们对这样的仪式感到兴奋，因为它真正推动了大家对这一进程的集体承诺。

在瑞士学校，将新权威主义引入学校的第一个实践是在一个班级里进行的干预。那个班里的很多学生习惯用恶毒的咒骂去投诉，并使用性别歧视和种族歧视的语言。干预开始实施时，老师向所有学生和家长宣布，本周将举行一系列活动打击不文明用语和攻击性语言。校长、学校顾问和年级协调员都来到这个班级，协助班主任召开这一主题会议。学生们分成小组围坐下来，写下他们听到的最令人反感的表达。四位老师加入了学生们的小组讨论，鼓励他们把听到的咒骂写下来。当所有的纸条收集上来后，老师请所有愿意做出承诺不使用纸条上用语的学生举手，开始时一部分学生举起了手，渐渐地，所有的学生都举起了手。

写有咒骂语的纸条被扔进一个金属桶里，几名学生代表走上前，放火焚烧了这些纸条。集体焚烧的仪式象征着学生们要废除这些冒犯性语言的决心。会议结束时,校长宣布,学校将邀请家长参与这一项目。然后,学校邀请所有的家长和他们的孩子一起参加一个特别的晚会。家长们收到了一份关于课堂讨论和学生承诺的报告。全班被分成几个小组,每组有一张大纸板和几支马克笔。小组成员一起制作反对冒犯性语言的海报,表达他们的决心和承诺。为了保证家长能够悉数出席晚上的家长会,学校做了特别的努力,只有五名家长缺席。在接下来的几天里,学校又将缺席的家长一一请到了学校,请他们与自己的孩子一起制作海报。干预的结果令人印象深刻,使用攻击性语言的现象消失了。在接下来的几个星期乃至几个月里,当一个孩子反复使用冒犯性语言的时候,就会遭到无声的抵制,而不是以前常见的咯咯笑。这期间发生过两起这类事件,说脏话的孩子都按照承诺对其行为做出了补偿。

这一项目在以色列和瑞士的这两所学校已经实施多年,一直持续至今。他们的培训体系变得越来越成熟和完善。所有的新手教师和代课教师会得到经验丰富的教师的指导。他们把曾经发生的事件以及如何按照新权威主义的原则进行处理的过程都详细整理记录到学校的文档里,并特别标注出哪些是"旧式权威"可以应对的情形,让老师们清楚地知道,新权威主义不是万能的,它只是在现有方案基础上的一些补充,进一步强化教师的力量,并不需要取消所有过去的做法。每学年开始前夕,学校都会组织老师们花时间讨论这个项目会遇到的挑战。鼓励老师们诚实地提出并确定问题领域,一起头脑风暴,找到合适的解决方案。

像每一种有原则的方法一样，新权威主义的践行需要承诺和付出努力。而人类的弱点（比如健忘和忽视）很容易让人们走回老路。在以校长为中心的管理体系里，比如前面描述的两所学校，校长的更换就是一个敏感的转折点，必须做好准备，认真对待。我们相信，如果新校长在接班过程中采取谨慎和明智的态度开启工作，是可以支持该项目继续下去的。毕竟，没有哪个校长愿意轻易放弃一种能为他们提供有效应对工作压力的工具。然而，我们不能假定这种连续会自动发生。实际上，新任校长很容易感受到来自有较高地位和影响力的某些老教师的威胁。但如果这些教师明白，新任校长也像任何其他新员工一样，也需要大家的支持，甚至需要更多的支持，那么交接过程就可以顺利进行。

给校长的建议：将新权威主义引入学校

尽管新权威主义提供了同样的原则，但是各学校可以根据自身的特点去实施。校长应根据学校的条件、不同团体的信仰和特质来规划和设计这一过程。每个学校启动该项目的理由也许不尽相同。有时候，变革来自危机的推动，人们意识到旧有的方式已经行不通了。另外，辍学现象的增加、入学率的下降、学校氛围的改变、暴力事件频发、权威危机、药物滥用等令人担忧的问题的上升、与学生或家长关系紧张等问题都可能成为改变的契机。

当校长寻求用新权威主义的方法来处理危机时，最好把指出危机的一方请进来参与学习和决策过程。例如，如果是一群老师或家长来找校长，呼吁"不能再这样下去了！"，那么，邀请这个团体的代表参与就很重要。如果是由于学校的氛围或学校董事会的要求，则建议将教育部或市政府的主管或相关人员也邀请进来。不过，新权威主义的引入并不一定是因为危机的出现，即使是一所运转良好的学校，也需要应对纪律的挑战、暴力的问题、教师的困扰和家长的抵制。在所有这些情况下，新权威主义都有助于改善现有状况并预防危机。校长可以考虑以下步骤帮助你的学校引入该方法。

成立骨干团队。建议挑选出一个骨干团队来学习该方法的基本原则，明确学校的特殊需求，策划如何将该方法引入学校以及如何帮助教辅人员吸收、落实这些基本原则。骨干团队的组成最好是多元化的，既有老教师，也有新教师，并有在学校层面开展工作的教辅人员，比如学校顾问和协调员。如有可能，尝试找出教师群体里有影响力但可能会持抗拒态度的教师，邀请他们进入骨干团队，可以减少来自他们的阻力，或者将他们从反对者变成支持者。在组织和学习期间，最好能与精通该方法的专业人员和其他学校有实践经验的工作人员进行沟通交流。

邀请全体教辅人员参加。全体教辅人员都应该学习该方法的基本原则，并有机会提出问题。新权威主义的实施涉及整个学校的教辅人员，包括秘书、门卫和后勤保障人员。建议组织三次集中会议向员工传授这一方法。除了邀请有经验的外部专家进行有说服力的演讲以提高大家的积极性以外，骨干团队的成员还需要积极协助引领学习的过程。

家长和社区领袖。在全体教辅人员了解了这些原则并制定了初步目标和工作流程之后，其他各方也应被带入进来。把家长的力量调动起来参与这一过程尤为重要。我们建议找一个晚上为所有的家长举办一个相关主题的讲座，最好请一位专家做开场主题演讲，再由老师用圆桌会议的方式继续向家长解释学校的具体计划。向全体家长发出邀请，为每位家长准备一份简短的文件，详细说明该方法的基本原则和学校的预期变化，这可以在家长群体中营造积极的态度。

落实和吸收。至少在项目开展的第一年里，把新权威主义当作教师年度培训的重点。骨干团队的代表应该独立或者在外来专家的支持下为教师进行培训。重要的是，部分培训应以小组形式进行，以促进落实和吸收。老师们可以在培训中提出自己遇到的案例和问题，一起探讨并尝试新的解决方案。新权威主义的培训活动本身就在提供一种相互支持的环境，让教师有机会进行合作，一起商定解决方案。

位于靶心的校长

校长换届期间常常会发生一些非常狗血的冲突。新校长的走马上任有时会威胁到校内存在的某种微妙的平衡，撼动某些有影响力的群体的地位或他们辛苦获得的特权。对新任校长的抗拒有时是因为外来新任校长对本校现有状况不甚了解，也有时是因为内部提拔的新任校长发出的信号威胁到了现有的平衡。

领导层换届总是会带给人们一些期待，也会加剧紧张局势。我想起以前在历史课上听到的一个故事，可以生动地说明这一点。中世纪的时候，当一位新的修道院院长被任命时，尤其是当任命来自外部、令修道士们感到是"强加于"他们的时候，常常会引发暴乱，修道士们会用在修道院加固工事，以搭建路障等方式阻止新院长的进入。经常需要借助军事力量才能平息叛乱。有时甚至连军事力量的介入都不足以解决纷争，唯一的解决办法是关闭修道院并遣散修道士，在某些情况中还会宣布他们为异教徒，将他们关在宗教裁判所的地窖里，或将他们烧死。这些描述在我的头脑中呈现的画面是，那个本应在地球上体现神圣和平的地方，那个在服从的誓言下和和谐的祈祷中压制着冲动的地方，因为新领导者的到来突然疯狂爆发。学校的情况跟这个类似，只是没有军队或宗教裁判所将新校长强加给心怀怨恨的教师或家长。因此，最大的问题是校长无法应对在他周围的阻力和抗拒。

被逼到角落的校长是无法正常开展工作的。他们的第一个目标应该是摆脱困境，或者摆脱孤独和受到威胁的局面。但问题是，孤独和受威胁的状态几乎会自动引发一个人强势回应的冲动。有时，想要制服对方、展示出"谁是领导者"的欲望就像是面临着生存威胁一般而爆发出来。作为校长，可能会觉得，如果没有表现出"自己正牢牢地掌控着一切"，就等于校长权威和地位的尽失。但也许正是这种倾向才令事情更加朝着两极分化的方向发展。

我们认为，所有教师或家长与校长之间的全面战争都是逐步升级的结果。这种对抗并不是突然冒出来的，而是局部危机在带有威胁感的权力游戏中逐步转化为全面战争的结果。当然，校长不是这个球场上唯一的球员，其他各方也下场参与了这场权力游戏。虽然校长的特殊身份拥有的特别支持和合法性，为他提供了改变对抗性质的选择，然而不幸的是，冲突使人的视野变得模糊和狭窄，有时无法看到更广泛的选择，以致确信树立威信的唯一方法就是立即全力出击。但是，在复杂的环境下，这样的做法往往会铸成大错。

一所学校如果陷入对抗和"有我没你"的撕扯中，注定会面临长期的瘫痪。权力的游戏，哪怕看上去能立竿见影，也会暗流涌动，阻力和敌意悄悄地增加，表现在被动攻击、不配合或暗地阻挠等。条件合适的时候，这些消极抵抗就会变成主动攻击并发出声音，招致更多的人为这场争斗增添弹药。而校长则是这类争斗过程中最容易受到攻击的人物，因为他们的位置最引人注目。即使他们没有做错什么，也无法逃脱人们的质疑："他怎么能让事情发展到这个地步？"

幸运的是，每一位校长，只要愿意投入时间和善意，凭借他们的角色和地位，都可以推动建设性的联盟，促进各方的合作意愿。在下面的这个案例中，这位被推到角落的校长并没有做错什么，她跳出对抗和"有我没你"的心态，努力建立起广泛的联盟。这位校长的做法正是新权威主义精神的体现，尽管她并不熟悉"新权威主义"这个概念，她只是自然而然地成了新权威主义的代言人。

一位做了20多年工作的老校长退休后，他的职位被一个管理理念截然不同的新校长所取代。新校长要求老师们更加努力，提交细致的工作计划，并坦白地报告课程进度。老师们多年来养成的习惯和以往的出勤规范很难与新校长的要求保持一致。对某些老师来说，前任校长代表了旧有规范的延续。对新校长的抵制表现在方方面面：员工会议上的混乱和干扰，会议结束前突然离开，给学生提前下课，拒绝承担特殊的工作，拒绝做私人辅导，等等。校长怀疑，老师们对她产生抵制是因为她得到了这份工作，而不是前任校长退休。

校长感到自己成了众矢之的，这些反抗的目的也许就是想让她放弃这些要求或自动辞职。尽管她很快了解到对她的抵制主要来自一伙忠于前任校长的教师，但她并没有试图在自己周围建立新的团伙，也没有把那些反对她的老师当作一个团伙去对待。她觉得这样的策略会让学校陷入帮派之争。为避免这种状况的发生，她主动寻求机会向对手表明，她愿意在他们陷入困境时为他们挺身而出。她的目标是在学校里创造一种超越帮派的团队精神，一种包容的和有归属感的"我们"的感觉。

在上任的头几个月里，这位新校长单独约见了每一位员工，跟每个人进行了长时间的对话。她对老师们在这所学校的工作经历显示出真正的兴趣，对他们的个人处境表示同情，并敞开心扉欢迎他们向她靠近。这样的对话大大增加了校长在员工心里的分量。员工们的感觉是，新校长很平易近人，很用心，也很乐于提供帮助。他们很清楚地看到，校长时刻关注着事态的发展，一方面在协助学校各项工作的顺利进行，另一方面也在留意出现的问题。圣诞节前夕发生的一件事证明了他们的这一看法。新校长发现有一些老师因为某种压力可能不会参加圣诞派对。这场原本属于教职工社交活动的派对，不知怎么被贴上了"校长派对"的标签，让许多老师感到不知该如何选择。多亏这段时间跟老师们建立的亲密关系，校长发现了对手的这个动作，于是改变了晚会的安排，她宣布这次聚会将是前三个月的工作总结大会。因此，她将晚会变成了一场专业活动，减少了老师们抉择的压力。最后，出席人数几乎达到了满员，当晚的议程既有三个月的工作总结，也成功举办了教职工聚会。

渐渐地，被围困的感觉减弱了，越来越多的老师愿意承担工作。但校长不想放弃争取"反对派"成员的善意和服务的努力。她遇到了一个千载难逢的机会。当时这个小团体内有一位老师对待一位学生的方式激怒了学生的家长。学生家长走进校长办公室，投诉这位老师在全班面前羞辱了他们的儿子。他们声称要向学校董事会和新闻媒体曝光此事。校长邀请学校的顾问参加会议。她当着学校顾问的面请家长再次陈述事件的始末，她提出了一些问题以澄清细节，并要求顾问详细记录所发生的事件和学生面临的困难。在会议即将结束的时候，她承诺会仔细调查这件事，争取找到一种修复和弥合冲突的方法，既改善老师和学生之间的关系，又能改善他们儿子在班级中的地位。

但这位父亲不接受这样的调解，他认为这样做还远远不够。他说，如果校长不处分这位老师，他就会向董事会和新闻媒体投诉。校长跟这位父亲说："作为校方，我们应该并且也一定会为你的儿子做更多的事。他还是一名学生，会继续待在这个班级里，对吗？如果你这样做了，你觉得这位老师再怎么走进这间教室？即使这位老师在这件事的处理上确实有问题，也必须承认，还是有很多学生和家长喜欢她的，你觉得你的投诉和曝光会对你儿子在这个班级里的状况产生什么影响？"闻听此言，这位父亲并没有放弃他的意图。但校长还是察觉到了氛围中的一些变化，她决定再做一次努力。她站起身来，坐在另外一张椅子上，对这位父亲说："请到我的座位上坐一会儿，我坐在你的对面。现在，我是父亲，你是校长，你要对你儿子和他班上所有其他孩子以及学校所有的老师负责。我没有开玩笑，请你站在我的位置上想一想，因为我们实际上是在同一条船上！"

很明显，一旦这位父亲同意坐在校长的椅子上，讨论就走上了建设性的轨道。仅用了几分钟的时间，大家就达成了共识。如果调查结果证明老师确实行为不当，老师就需要做出真诚的道歉，但要找到一种体面的道歉方式，以确保既能修复与学生的关系，又能继续做好自己的工作。事情就这样解决了。学校顾问把整个会议的情况转告给了这位老师。老师明白，是校长帮助她摆脱了困境。校长和家长之间的关系变得更加牢固，随着时间的推移，收获了更多的成果。这位老师渐渐放弃了反对的立场，并说服其他老师朝着同样的方向改变。

这位校长自发地遵从了新权威主义主张的大部分原则。在整个过程中，她显示了校长的"在场感"，随时了解情况，表现出极强的自控力，避免给出即时解决方案，缓解了"有你没我"的紧张局势，防止了冲突升级，充分体现出"我们在同一条船上"的原则，并将补偿（而不是惩罚）作为首选解决方案修复破裂的关系，创建了团结而有归属感的共同体，感召着老师、家长和孩子们的参与。这一切当然并非发生在一夜之间，但在短短几个月的时间里，这位新任校长就扭转了局面，她不再觉得自己被推到了墙角，而逐渐成了家长、老师和学生心目中的领导者。

但我们不需要依赖天然的领导力品质来拯救校长们以摆脱困境。为了应对这些极端状况，我们需要的是做好充分的准备。任何不适当的反应都可能增加动用"非常规武器"的风险，如罢课、向媒体曝光、动用当局向学校施压等。有时，家长和学生之间还会形成一个"邪恶联盟"来对付学校，愤怒的家长会鼓动他们的孩子为他们提供有关学校的定罪材料。在如此激动的情绪下，家长们对事件的真实性不做任何甄别和调查是毫不奇怪的。

我们认为，新权威主义提供的一系列系统性的步骤能够帮助校长化解危机，或防患于未然，主要是以下几个原因：1. 运用新权威主义的原则，可以降低冲动回应或攻击性应对的风险；2. 可以培养积极的家校关系；3. 高度的政策透明减少了猜疑，并减轻了学校暗箱操作的感觉；4. 创建员工支持氛围为犯错的教师提供了有尊严的改正机会；5. 多边解决方案（教师－家长－孩子、教师－校长－家长、教师－顾问－孩子）减少了双方"有你没我"的想法造成剑拔弩张局势的可能性；6. 新权威主义让学校和校长成为社区中有意义的角色。在这种环境下，校长的孤独感会减少，形成联盟的可能性会大大增加。

面对家长的抗议浪潮可能采取的行动

面对家长的抗议，校方需要在多个圈子里同时进行建设性的回应：家长、教师、学生、上级主管部门、市政当局，有时还有其他团体。其目的就是要缓和对抗，打开调解渠道，为达成一致解决方案铺平道路。这么做不是在征召盟友参战，而是想要争取广泛的支持以防止对抗升级。明白这一点可以抑制我们在受到威胁时不自觉想要采取武力应对的倾向。校长的管理技能和个人魅力在这种压力下是不足以应对的。即使是一位天生的教育领导者，在家长的围攻下，也难免会做出个别不当的回应。因此，有必要准备一套工具或制订一个方案来保护校长和学校，甚至防止校长出现的本能反应。

遵循新权威主义的校长会与家长发展积极的关系。正像我们在第三章中所阐述的那样，这些关系不仅是指与家长的个人关系，更是学校老师和家长团体之间的关系。"我们在同一条船上"是学校不可动摇的信念之一，它体现在校长与家长、教师与家长的所有互动和接触中。如果一伙家长发起抗议，并有蔓延的危险，校长就可以依靠那些愿意开诚布公地对话和倾听，甚至愿意提供帮助的家长一起找出合作解决的方案。

为了处理家长的投诉和迫在眉睫的危机，校长可以与家长召开多次会议，并邀请与学校关系良好的家长一并参加。校长必须让家长看到，他们在认真对待家长的投诉，调查事件，掌握事态最新发展，并积极寻求解决方案，纠正可能犯下的错误。他们必须与家长分享调查结论以及解决方案。但他们也必须强调，完成这些是需要一些时间的，这是延迟原则的体现（"趁冷打铁"）。如果某些家长提高了嗓门，校长必须说："我需要以一种有序、安静的方式听取你的投诉，这样我才可以很好地关注你所说的内容。"有一种可以让投诉变得有序而不激烈的做法是，让家长代表收集所有家长的投诉。如果班级家委会的负责人也在投诉家长的队列中，校长可以要求其他代表，比如学校家委会的负责人来收集和总结投诉。

校长也应该针对教师采取行动。从处于风暴中心的老师开始，听听老师们的说法。校长与老师的谈话可以是一对一的，也可以邀请另一位教职工（如顾问）一起参加。谈话不应该让老师感觉自己面对的是一个已经为他们定了罪的专案组。即使校长怀疑老师确实犯了错误，也必须要保护老师，使其有改正错误的机会。校长应该告诉老师，他们将继续密切关注事件的发展，为的是确保知情并保护老师。

第五章　校长的角色

在我们合作过的学校里，遇到过好几个严重事件，最后都找到了体面的解决办法，老师们做了有尊严的道歉，但也得到了来自校长的支持，有时还会得到来自其他教职工的支持。

经常有人会问，对于一个实际上违反了规则，而且根据教师准则无法继续留在岗位上的老师，我们的立场是什么。我们的立场是，必须进行彻底的调查，但在调查结束之前，教师必须有辩护的权利并得到支持。

校长针对教师采取的行动不限于与处于"风暴中心"的老师谈话，还必须向全体员工报告学校为防止愤怒的家长报复老师而采取的措施。通过这种方式，校长向老师们表明，他们一定会为老师挺身而出，同时也会认真调查家长的投诉。这一立场本身就说明一切，即使那些以前觉得"没人关心我们。一旦出了问题，我们就是替罪羊！"的老师们也会给予积极的回应。作为校长，不厌其烦地调查取证、观察了解、争取各方支持、寻找体面的解决方案并向老师及时报告结果，显示出他对员工的真正关心。

其他有意义的行动与学生有关。家长的抗议有时是因老师的问题行为所致，但有时是跟学生的暴力行为有关，愤怒的家长们要求学校将这样的学生逐出校门。校长必须表明，他们正在留意涉事的学生，并在老师们的帮助下密切关注着他们。因此，如果是教师和学生之间发生了激烈的对抗，家长找到学校为孩子出气，校长则应邀请孩子当着其他教职工（如顾问和班主任）的面帮助调查家长的投诉事件。这会让孩子感到，学校在认真对待他们的投诉，同时也知道，校长和老

149

师们会继续密切关注他们。这样做可以避免一种常见的状况，即孩子看到家长出面为自己申辩就在学校里变得为所欲为。如果一个孩子在与校长会面后，得知自己会继续受到密切关注，那么他就不太可能继续他的问题行为。同时，孩子的父母也应收到关于校长跟孩子谈话以及继续密切监督的报告。

如果家长们的抗议针对的是有暴力行为的孩子，这样的决策是决定性的，因为密切监督是减少暴力的最佳保证。有时，校长可以争取有问题行为的学生家长的支持来进行监督。例如，请学生的家庭成员（父母或祖父母）随时待命，甚至可以请他们在风险较高的时间段（如课间休息或放学的时候）到现场陪伴。在许多情况下，因为感受到了其他家长抗议的威胁，那些有问题行为的孩子家长都愿意前来做志愿者。这些行动可以在很大程度上缓解"立即将这个孩子踢出学校"的要求。

在处理家长的强烈抗议时，校长还需要寻求校外各方的支持。他们必须在冲突的早期阶段与上级主管部门、甚至与市政府教育局取得联系，反映情况，告知正在采取的步骤，并共同寻求解决方案。这些行动通常会得到积极的回应，或者对方至少会用尊重的态度让他们等待。我们注意到，新权威主义加强了学校在社区中的影响力，并为校长赢得了特殊的地位。如果校长从前有过成功解决冲突的记录，家长们就会对学校有信心，就不会想在社区中寻求盟友联合抗议。当学校能够成功地让每个学生都了解学校反对暴力、警惕危险趋势的举措时，就已然创造了这样的记录。这样的广而告之不仅仅是一种营销，更是触及了新权威主义的本质——广泛利用公众舆论，光明正大地而不是偷偷摸摸地行动。

通过各方积极联动形成的良性循环，消除了面对家长抗议所生出的被围困的感觉。敌意感减弱了，更多的选择出现了。对峙的生态不知不觉地发生了改变，直到危机被化解，转变为一场成功的危机公关事件，进而加强了学校和校长在社区中的地位。

本 章 总 结

校长和老师一样面临着压力，在某些方面甚至更糟，因为校长常常身处各方冲突的漩涡中心，还可能遭受深深的孤独感。新权威主义的方法通过为校长、教师和家长创建共同的语言，帮助他们建立联盟、减少压力体验来提供解决方案。这些方法有助于预防问题的出现，并化解严重危机。校长通常是主动将该项目引入学校的人。当校长亲自在学校发起该项目的时候，就有可能最大限度地改善学校的氛围，减少暴力、混乱或不良群体的影响。受到校长支持的老师也更愿意相互合作，并愿意与校长合作。校长们会发现自己更少有"被逼到角落里"的感觉，也较少有躲避的心态。这些做法对家长群体的影响也是显而易见的。学校引入该项目后，家委会更有可能持开放态度。很多时候，校长引入该项目正是因为感受到了家委会对学校的挑衅和敌对态度。即使在这些情况下，也有可能采取某些措施，让特定的家长群体有一些积极的作为，对之前的对抗气氛产生正向的影响。

新权威主义的做法为困难情况提供了应急方案，如家长的群起抗议。毫无疑问，这些情况有时会变成真正的噩梦。对严重危机事件做出系统性反应的能力既保护了校长，也保护了学校，在从前看不到解决方案的冲突中看到了可能的选择。上述工具使得校长能够避免冲动反应，防止冲突升级，为校长提供了更多积极的选择。

校长小贴士

- 创建一个支持你的骨干团队，促进校长和教师的共同参与。
- 鼓励教师成立互助小组。如果你让他们看到，你把自己看成教师群体的领头人，那么你在教师中的地位会得到加强。
- 用尊重的态度对待犯了错误的老师。如果你能帮助他们体面地纠正错误，你在老师心中的地位会大大地提高。
- 对严重问题做出的回应以及采取的措施一定要广而告知。
- 允许教师提出保留意见和反对意见。有时候仅仅提出问题就有助于化解问题。
- 在全校推广"家校外交原则"可以更多地获得家长的支持。
- 与班级家委会甚至和学校的家委会负责人建立个人联系。确保让他们知道正在发生的事，并与他们分享你们的措施和解决方案。

- 与社区和市政府负责人建立联系与合作。与社区负责人保持良好关系可以强化学校在社区的地位和影响力。

- "趁冷打铁"，"你不需要赢，只要坚持！"和"错误是不可避免的，但可以纠正！"所体现的原则为你提供了时间和选择，让你可以采取行动，缓解对你和整个学校可能有害的权力斗争和压力。

- 保持觉察！觉察那些让你试图证明"我是领导者"和那些让你容易陷入"有你没我"状态的情况。如今，通过指令、命令和恐吓的方式做管理比以往任何时候都困难。

- 当你在家长和老师的冲突之间左右为难时，可以在教职工或家长中寻找能够调解和平息事态的支持者。一个好的解决方案应该能够关照到各方的合法利益。

- 老师们能够在困境中为你提供帮助，就像你能帮助困境中的老师一样。

- 面对压力，请切记"强加于他人"的解决方案与真正的教育领导力之间的区别：1. 教育领域的领导者永远不是孤勇者，他会让自己获得广泛的支持。2. 教育领导力的特点是自我控制，能够防止"非此即彼"的两极化和冲突升级。3. 教育领域的领导力表现在对学生、教师和家长的尊重，保护他们的尊严。

第六章

超越制裁

合著者：塔尔·迈蒙（Tal Maimon），斯蒂芬·费舍尔（Stefan Fischer）

遵循新权威主义原则的学校并不等于放弃正常的制裁，它通过一些超越制裁的做法强化教师的权威感，让老师的工具箱里有了更多更有效的选择。在这一章中，我们将回顾一些主要的可能做法，为老师们提供一套系统而全面的工具。

用自我控制为权威者加持

许多人以为权威的核心元素和重要特征是恐吓性的大发雷霆。这种假设似乎是显而易见的，因为无论是民间谚语、常见的画面，还是那些经典的电影场景都在告诉人们，权威必定伴随着不可预测的暴怒，这一概念已经根深蒂固地植入了我们的意识。与让下属胆战心惊的暴怒相比，自我控制作为彰显权威的工具，其价值显得微不足道。

这里自动产生的一个问题是，一个表现出克制和自我控制的领导者是否会因此而失去很大一部分的权威？要知道，伴随着怒吼的"就地严惩"有着令人胆寒的威慑力，他们难道不怕失去这样的威慑力吗？

为了理解新权威主义带来的深刻变化，我们必须理解自我控制是如何产生威力的。使用延迟原则（"趁冷打铁"）的老师既显示了他的克制，也让学生们知道"他是有记忆的"。有时，当老师提起几天前发生的事情时，学生们会很惊讶："那是很久以前的事了！我不记得了！"但老师记得。尽管有人大声抗议，事件并没有被抹去。在这里，决定事件何时结束的权力掌握在权威人物的手中。一位老师说："我昨天突然明白了延迟反应的意义。我意识到，我是那个可以决定'事情是否翻篇儿'的人。当我跟全班同学宣布'我决定，这件事就让它过去吧！'的时候，我能感到那一刻的氛围。我觉得自己像是拿着一把钥匙，可以决定什么时候打开和关闭它！"我清楚地记得他说这番话时那副恍然大悟的表情。

有一所高中为一个艺术项目举办了一场自拍比赛。每个学生都选送了自我感觉最好的自拍照。洗好的照片像彩色地毯一样被挂在学校大门的入口处。一天早上，学生们进到学校，发现所有女孩子的照片都被人用黑色马克笔画上了胡子。三名肇事者身份被曝光，部分的原因是他们自己跟别人吹嘘了他们的行为。学校首先按照规章制度要求他们停课三天作为惩罚。停课回来后，他们被请到了校长办公室。年级协调员、摄影老师和班主任老师都在场。他们要求学生们设法修复原来的画面。其中一人抗议道："但我们已经受到惩罚了！"校长回答说："你们确实受到了惩罚，但还没有做出补偿。你们必须修复损坏的画面，并恢复原状。"会议结束后，三名学生和摄影老师一起重新打印了照片，并将它们粘在一起，换下了那些被破坏的照片。

第六章　超越制裁

新权威主义具有"传染性"。那些原则不仅开始被其他教师群体接受，也开始被学生们接受。上一章中提到的那位校长说过这样一件事：

有一次，大约100名学生在犹太教堂里做礼拜，教堂大厅后面只有一台空调。我走到空调跟前，把通风口转向上方，这样可以让前排的学生们也稍微透口气。我嘱咐坐在空调旁边的一位11年级的学生不要移动通风口。在做礼拜的过程中，我发现那个通风口被转向了下方。当我问他们为什么要转动通风口时，一位在学生中很受欢迎的孩子尤西举起了手："先生，我这么做是因为我太热了。如果通风口朝上，是没人能感觉到空调的！"我静静地走近尤西，请他走到大厅的前面，同时把通风口重新转向上方。尤西拒绝了："那里太热了！我要待在这里！"我指示唱诗班的领唱继续，没有坚持让尤西走到前面。这件事给人留下了深刻的印象：校长向一名学生让步了！

仪式结束后，我请尤西来到我的办公室。他道歉并解释说自己很热，并反复强调，即使通风口向上，也无法让冷风吹到大厅的其余地方。我接受了他的道歉，但告诉他，由于他违反了我的指示，他必须马上离开学校回家，接受停课一天的处罚，第二天才能再回来。随后我们俩发生了一场简短的争论：

"先生，您是认真的吗？"

"是的，我是很认真的。当我要求大家不能碰空调的时候，当我让你走到前面的时候，我也是很认真的。"

"但我今天的学习安排很紧张，这对我的期末考试非常重要。"

"很抱歉，你今天不能留在学校。下次你应该记得三思而行。"

尤西回到家，错过了一天紧张的学习。一周后，又一次热浪袭来，大厅里的空调显然不足以给整个大厅降温。我又看了看空调，发现它是冲着最后一排的。我问："是谁动了空调的出风口？"这一次莫里举起手："我！我很热。"我走到他跟前，让他走到大厅的前面。"不，先生！我太热了！"活动再次被叫停，学校里所有的学生再次看向我，看校长如何跟一名挑衅的学生过招。但这一次的结局不同了。尤西转向莫里，告诉他："今天的数学课内容很多，你不应该错过。我们俩都去前面吧！"

这些都是高中老师和高年级学生的案例。幼儿园老师也能通过向孩子显示"老师记得几个小时以前甚至一天以前发生的事"，在保护孩子利益的同时，增强老师在孩子们心里的权威感。比如，当一个孩子打了另外一个孩子时，幼儿园老师或助理老师要立即采取行动将他们分开。这体现了"安全优先于纪律"的原则。但事情并没有就此结束。在那天结束的时候，老师可以让打人的孩子跟她一起等待他的父母来接他。然后当着家长的面问孩子："还记得你今天和康恩在滑梯旁边发生的事吗？"如果孩子不记得了，或者声称自己不记得了，老师可以提醒他们事件的细节。通过老师的记忆可以帮助孩子扩展他们的注意力广度和记忆力。老师对几个小时之前发生的事件的复述创造了一个时间上的连续性，扩展了孩子与所发事情的关联能力。此外，在家长面前提及白天所发生的事件也增加了它的影响力。

如果老师要求孩子和家长一起想想，第二天如何向被打的孩子道歉，那么就可以进一步扩展了干预的意义，也能够为老师的权威增加一个新的时间维度：它不再是一个流于表面的、本能和即时的反应，而让时间和记忆给她的权威感打下更深的根基。道歉也是一样，经过深思熟虑的道歉会更有价值，因为它不是在强烈逼迫之下不得不说出的一句轻飘飘的"对不起"，那种不经过思考的即刻道歉往往会很快从打人者的记忆中消失。

利用公众意见：记录和分享

我们已经前面解释过，该怎样对学生的问题行为做出回应，我们希望不仅仅有现场相关老师的参与，还能将其他成年人（老师或家长）带入其中。一个简单的做法是，这位老师可以找到另外一位老师或家长，告诉他们发生了什么，并请他们跟孩子谈论所发生的事。一般来说，这样的处理就够了。这种做法的好处是可以在孩子的生命中创造一种完整性和连续性。但是，涉及更为严重事件的处理时，最好能扩大参与人员的范围，并借助新权威主义最有力的工具之一：公众舆论。

该过程的第一阶段是记录文档。由涉事老师写一份详细的事件摘要,打印出若干份,分发给孩子的家长和教授该班级的所有老师。切记,一定要避免过于笼统的描述,比如"学生顶嘴",要给出具体化的描述,比如"学生对老师说:'你算老几啊!'"。报告应准确描述所发生的事件。让两三位老师找到孩子,告诉他,事件的报告已经写好了,他的父母和几位老师都得到了复印件。注意,要用尊重而不是责备的态度跟学生讲话,不然的话,一些学生会表现出"不在乎的反应"。也不要忘记提醒家长以尊重的方式跟孩子讲话。让家长告诉自己的孩子,他们收到了学校的报告,愿意与学校合作,一起找到解决方案。这个过程的力量在于公众舆论的深刻影响,即使孩子坚称"不在乎"(实际上未必如此)。有时老师会担心,孩子会有"被逼到墙角"的感觉,会感到羞愧。所以,我们应该用尊重的态度面对孩子,让他们感受到,我们愿意帮助他们从所处的困境中解脱出来。我们这些不接受孩子问题行为的成年人,是带着开放和接纳的态度走近孩子的,而不是试图将孩子推到墙角。当我们以良好的心态采取行动时,孩子感受到的就不是简单的"被羞辱",而是一种"建设性的羞愧",这种体验也许并不愉快,但具有积极的价值。

下面是我所经历过的最奇特的利用公共舆论的一个故事。这个家庭中有成员是意大利南部一个有组织犯罪团伙中的活跃分子。因为那不勒斯黑手党("卡莫拉")想要杀害这家的父亲,他必须紧急逃离意

第六章 超越制裁

大利。由于担心黑手党发现父亲失踪后会伤害家人,母亲和孩子(6岁的圭多)也不得不一起逃离。他们在德国找到了栖身之地,送圭多到一家当地的幼儿园,那里有本地的孩子,也有一些移民家庭的孩子。因为担心在德国的居留签证延期办不下来,这家人一直活在恐惧中。对他们来说,返回意大利就是死路一条。

6岁的圭多加剧了这对父母的焦虑感。他在幼儿园的表现极其暴力,以致很多其他孩子的家长都强烈要求幼儿园劝退这个孩子。这种负面关注是这家人最怕得到的。圭多的暴力行为让整个家庭处于危险之中!这对父母在德国的生活完全是与世隔绝的。家庭治疗师试图通过翻译帮助他们,但是在他们的家庭环境中找不到一个可以充当支持者的人。在这种情况下,我们决定给他们在那不勒斯的其他家人打电话。

关键的帮助来自祖父和三个叔叔。治疗师了解到,他们也都属于黑手党。在翻译的帮助下,治疗师、父母和那不勒斯的家人通过Skype进行了长时间的交谈。谈话结束后,祖父和叔叔们每天都会给圭多打电话。每次电话中他们都在表达基本相同的信息,尽管他们讲话的风格各不相同:"圭多,你必须明白你是德国的客人。当你是客人的时候,是不能打主人的孩子的!幼儿园的孩子是你和你父母在德国的主人家的孩子。如果你打他们,你就玷污了你父亲、你母亲、你祖父和你所有叔叔的名声。你打他们的时候,整个家庭的名声都受到了玷污。这就是为什么我们会不停地跟你通话,因为名声是这个世界上最重要的事情。当你控制住自己不打人的时候,你就捍卫了我们所有人的名声，我们都会为你感到骄傲！我们知道你是一个强壮的男孩，但你不能用打人的方式表现出来！我们以后会到你的新家看望你，我们会给你带上拳击手套，训练你练习拳击。你长大以后，也许会成为一名伟大的拳击手！但是你不可以在幼儿园打人。如果你在幼儿园打人，就无法成为拳击手。因为只有在拳击场以外不打人的人，才能成为拳击手。"

除此之外，幼儿园园长还对圭多进行了密切监督。圭多的家长还为他雇了一位年轻的德国运动员作为助手，训练圭多进行体育运动。这位助手待在幼儿园前面的一个小房间里，一遇情况，便会立即被请来帮忙。休息的时候，他会与圭多和其他孩子坐在一起，教他们做力量训练。这些做法改善了圭多在幼儿园的地位，也安慰了其他家长。不知道这位年轻的德国运动员是否知道，他的薪水来自那不勒斯黑手党。

补　　偿

"补偿"是新权威主义的重要部分，在其中享有很高的地位。它与所谓的"惩罚"完全不同。惩罚是从外部强加于人，被惩罚的孩子是被动忍受的，而这里提倡的补偿则是鼓励孩子主动采取行动，以弥补他们带来的损害，修复所损伤的关系，恢复自己的名声。提出补偿要求的时候，需要特别保持尊重的态度，虽然有些学生感觉与成年人过多地合作就等于失败。这也是新权威主义面临的主要挑战之一：如何创造出一种氛围令这些学生愿意做出补偿。有一个很有效的鼓励所有的学生、哪怕是最抵触的学生也勇于做出补偿的方法是，让孩子们感到"补偿行为是值得的"。我们认为这没有什么不合适。孩子需要有这样的感受，不会因为补偿行为而受到羞辱。即使是为了权宜之计而公开进行的补偿也是建设性的，并可能引发其他的积极进程。

伊莱（13岁）经常在学校对老师出言不逊、无理取闹。他的父母亲表示愿意与老师合作。父亲答应，如果伊莱下次再侮辱老师，就会来到学校，甚至到教室里作陪。伊莱强烈抗议，声称这是对他的羞辱。他与父母的关系急剧恶化，家庭氛围变得紧张。学校邀请伊莱与班主任老师、学校顾问和他的父亲一起坐下来。他们为伊莱提供了一种可以保持尊严的摆脱困境的方式：他需要给被他伤害的老师写一封道歉信，再帮助图书管理员工作三天。他们告诉他，他的父亲会跟他一起写这封道歉信，并在上面签字，以便让伊莱感到父亲的支持，而不是羞辱。伊莱拒绝了这一提议。顾问告诉他："我们会为你继续保持这一选项。我想强调的是，我们很在意你的面子。所以我乐意与你探讨，怎样做可以大大方方地做出补偿而不感到屈辱。"伊莱还是拒绝了，尽管他的表情看起来有所松动。

这次会议过后大约一个月，伊莱一直盼望的一天到来了：皇家马德里和巴塞罗那（伊莱支持的球队）的一场足球比赛要开赛了。他的父亲在几个月以前就为他们预订了前往西班牙观看这场比赛的航班。伊莱的叔叔把他拉到一边，告诉他："我觉得我可以帮你，让你父亲同意带你一起去西班牙看比赛。以目前情况来看，我觉得你父亲很可能不会带你去，因为这段时间你和你父亲几乎都没有讲过话。偶尔讲话的时候也显得非常粗鲁！"伊莱说，他自己也不愿意这样，可是父亲在学校的做法让他很难堪。叔叔说："是的，让你父亲坐在你的教室里对你来说一定很难堪，不过你自己也不是完全无辜的，对吧？也许现在是让你摆脱这种混乱的时候了。我想，如果你不能接受别人给你的台阶，你就是一个失败者。我可以帮你写一封道歉信，为你找到一个体面的方式去图书馆工作而不引起别人的注意。我会和你的父母谈谈，让他们相信你真的在努力。你很清楚，只要你上了路，你和你爸之间的事情就算解决了。重要的是巴塞罗那能赢，你也能在那里见证它的胜利！"

伊莱接受了这个提议。他在叔叔的帮助下写了道歉信，又在图书馆工作了三天。父子俩一起去了西班牙。事实上，巴塞罗那输了，但两人一起去了城里最好的牛排馆安抚了自己。

你觉得这个例子中的男孩为他的坏行为得到奖励了吗？我们必须记住，新权威与旧权威有着不同的"算法"。在旧式权威的观念里，人们认为孩子要为他们的行为受到惩罚，其方式应该是剥夺他们的利益或乐趣。新权威主义则鼓励用补偿作为惩罚的替代方案，展现其有效性的一个重要例子是一些国家的司法系统推出的一个项目：当青少年犯罪者愿意为受害者的利益公开道歉并做出补偿的时候，可以用补偿的方式结案。这些项目被称为"恢复性司法"，因为它们的目的不是将犯罪和惩罚等同起来，而是促进修复和情感补偿。对恢复性司法方案进行评估的研究表明，在受害者同意的情况下，这一做法在预防再犯和改善受害者感情方面效果更好。新权威主义遵循类似的原则，允许违反规则的学生在"做出体面的补偿"和"不太愉快的其他方式"之间做出选择。许多孩子都会在这种情况下选择前者。我们相信，这一选择可以更积极地引导孩子走上正途。

教师或校长的榜样作用是学生们愿意采取补偿行为的一个关键因素。当权威人士也愿意承认错误并纠正错误决定的时候，补偿的理念就能真正植入每个人的心里，落实到生活中。事实上，承认错误和改正错误是需要勇气的。在新权威主义的氛围中，校长和教师能够感受到足够的支持，可以有尊严地改正错误。

一位在当地政府担任高级职位的父亲向学校校长施加了巨大的压力，要求把他的女儿放到学校的加强班里，尽管这个女孩根本就不符合条件。面对这位父亲的压力，校长没有办法，只好同意。心烦意乱之下，她没有亲自通知加强班的班主任，而是直接让学校顾问帮她安排了一切。班主任觉得自己被出卖了，要求顾问找校长取消这一决定。顾问感到很为难，她一方面理解校长的压力，另一方面也能理解班主任老师的立场。事实上，这个女孩自己毫无学习动力，经常连续逃课，对老师不屑一顾，已经有好多门不及格的科目了，还满不在乎。如果让她进到这个充满积极进取精神的加强班里，无疑会削弱整个班级的士气。

班主任老师让顾问等在那里，她要直接跟校长对话。她找到校长，请校长重新考虑这个决定。校长却表示，她已经将这个决定告知了家长，所以是很难改变了。校长很尊重，也非常信任这位老师，她坦诚地告诉这位老师，之所以做出这个决定，也是因为这位父亲的压力和暗示，担心他会对整个学校采取什么不利的行动。老师说："我明白了，您已经告诉家长您同意了，对吗？但是，一个月前您曾经来到我们班里，亲口告诉全班同学，加强班是我们学校皇冠上的明珠，学校为它配置了最好的老师，投入了最大的心力。您给学生们的感觉是，进到这个班级是一件特别值得骄傲的事。您的演讲给孩子们留下了深刻的印象。如果这样的学生也被录取进来，我担心会伤害这些孩子，也伤害我的信誉和您的信誉！"

班主任老师的话引发了讨论，她们需要找到一个各方都可以接受的折中方案。这时，学校顾问也加入了进来，她们一起就接受学生进入特殊赛道必须满足的几个最低要求达成了共识。校长再次给这位学生的家长打了一个电话，告诉他们，为了能够顺利进入加强班，他们的女儿需要达到最低门槛的要求，包括赶上学习进度和保证出勤率。她说，学校可以在假期为他们的女儿提供数小时的私人辅导，帮助她跟上进度。父亲抗议说，校长违背了她的承诺。校长解释说，她与老师协商后得知，如果没有事先做好准备，他的女儿即使进到加强班也没有成功的机会。相反，同意让他们的女儿进入加强班，但同时为她提供额外的支持以达到标准，才是真的给她提供成功的机会。为了就采取的行动达成最后的共识，校长邀请女孩、家长、班主任老师和顾问一起开了一个会。这一次，校长不仅没有被逼到角落，就连家长也觉得她的提议是合理的，可以提高女儿成功的概率。会后，班主任老师笑着问校长："您觉得做一个校长，像这样听听老师的想法，怎么样？"

这个例子展示出的是一位敬业校长的勇气。校长没有向职工隐瞒自己所犯的错误，而是如实陈述了事情的始末。记得有一位校长把"勇于改正错误"作为她所领导的学校的主要原则，她说："每个人都会犯错，但我们必须勇于为此承担责任，并采取行动纠正所犯的错误。我会支持任何愿意承认错误并改正错误的老师。我会跟他们一起找到有尊严的方式以便做到这一点。有错就改是我们学校的重要价值观之一。我们也会为学生们提供改正错误的机会，并减轻处罚。我们将找到合适的方法帮助他们做到这一点，并保全面子！"

"名誉"也许是一个听上去有些过时的词，但这种感觉在冲突中仍然起着至关重要的作用。如果我们仔细观察本书所描述的例子就会发现，其中的许多案例都与当事人的措辞、问题的提及方式、各方的妥协以及解决方案是否维护或恢复了各方的名誉有关。这可能是旧权威和新权威在情感方面的最大差异。旧权威的人物必须要感到自己对下属有绝对的名誉优势。当他们的名誉受到伤害或没有得到充分和立刻的服从时，下属就必须用自己的名誉来补偿权威者所受到的"伤害"。"我要给他点教训，让他以后永远不能忘记。"或者"我得让她笑不出来！"这就是旧威权在处理事件时的情感目标：一定要让叛逆的下属完全臣服于自己。"名誉的天平"必须、也只能完全倾斜到权威者一方。

新权威主义也将名誉放在高度优先的位置，但对名誉的算法和处理方法却不尽相同。例如，我们会珍视所有人的名誉需求，包括那些有行为问题的孩子，我们也主张用尊重的态度对待他们，哪怕是在他们犯了错误的时候。要保证孩子即使在接受处罚时也有足够的尊严。对老师也一样，我们也需要找到一种方法，在老师犯错的时候，既能帮助他们改正错误，又能保护他们的尊严。

感到屈辱的老师是无法做好工作的。他们需要支持帮助他们保留体面。那么，校长的名誉呢？他们必须忍气吞声，满足教师、家长和学生的名誉需求吗？当然不是！但校长的名誉不是建立在旧权威的基础上。在新权威主义的理念里，任何人的名誉都不能通过羞辱他人来得到补偿，它不再是名誉的"零和游戏"（"不是你丢脸，就是我丢脸"）。在新权威主义下校长的名誉来自他们获得的广泛合作、在抗争中的公众反响，以及学校所取得的成就和广泛的联盟。他们营造了一种新的文化氛围：请求支持可以很骄傲，做出补偿可以有尊严，甚至提出批评也是带有尊重感的。作为倡导这种文化氛围的领导者，校长的名誉被大大提升了。

肇事者不明时的补偿

当肇事者身份不明时，可以用集体的补偿行动做强有力的回应。例如，面对经常看到的破坏性行为，在全校范围发起有归属感的坚决抵制的活动，可以让整个学校焕发出新的活力，摆脱无助和士气低落的状态。下面的故事诠释了这样的集体行动。

一所高中的工作人员在副校长的门上发现有人故意撒了尿。这一侮辱行为引发了巨大的愤怒和无助感。肇事者身份不明，校长和副校长都认为不太可能通过调查找到这个人，所以要实施强有力的威慑性惩罚是不可能的。结合学校正在引入的"非暴力抵制"（即新权威主义）项目，他们想到了一些有意义的行动。校长凭着敏锐的直觉，决定暂时不请保洁人员清洁，而是把污渍（当时已经干了）留在原处。领导该项目的内部团队梳理了学校和社区中所有潜在的支持方，包括教师、家长、学生、保洁人员、管理员、上级主管、学校心理老师、学校董事会代表、非官方教育中心负责人和市长。虽然不打算招募所有各方参与行动，但也肯定会通知他们。这种广而告之的做法就是为了扩大补偿行动的影响力。

经过初步讨论，决定向所有各方发送一份事件说明，并宣布在第二天采取补偿行动。第二天早上8点，在校长办公室举行了另外一次会议，参加会议的包括管理员、学生会代表、教师代表、家长委员会主席和学校门卫。校长首先描述了这起无礼冒犯事件，并请副校长作为当事人谈谈她的个人感受，随后所有参与者都简短地表达了自己的看法。每个人都对这一行为表达了强烈的厌恶，但也有人批评当前体系的不作为，呼吁加大惩罚力度，建议展开彻底调查以找出罪魁祸首等。

然后校长提出了一个事先精心策划的想法：请所有参与者一起写一份简短声明，共同表达他们对这一恶心行径的厌恶。声明的格式如下："亲爱的同学们，昨天发生了一件令人不安的事件：有人在副校长的门上撒了尿。我们在这里，与学生代表、家长代表、教辅人员代表和管理员一起，共同谴责并抵抗这种无礼冒犯行为。我们认为这不仅是对副校长的无礼冒犯，也是对我们所有人的无礼冒犯。现在，我们决定采取行动纠正错误。欢迎所有反对这一行径的人加入我们发起的抗议和补偿活动。我们不是为了惩罚，因为我们不知道是谁干的；这是一种积极的行动，为的是恢复整个学校的名誉和归属感。"所有的参与者一起来到每一个班级，他们向学生们阅读了这项声明，并在每个班级招募两名志愿者。学生志愿者和教职工们一起清理了副校长办公室门上的污渍和她的办公室。学生们在副校长办公室的小黑板上表达了他们的支持：他们爱她，跟她站在一起，对这种行为深恶痛绝。一位老师用她的手机拍下了这段视频。

补偿行动结束后，学生们各自回到教室，其他教职工回到了校长办公室。前一天低迷的士气和无助感消失了。校长向所有家长、学生和社区各方发送了一条信息，描述了整个过程。所有参与的合作伙伴都签了名字，并将视频的链接附在这条信息之后，如此，每个人都知道了结果，并感到自己是补偿行动的参与者。

　　与其他的干预措施不同，这样的活动不仅在于惩罚肇事者（上述事件里肇事者是未知的），也不仅在于向受害者提供情感支持，更是在回应整个学校对安全感的需求。最初的无助感和盲目的愤怒被"我们在一起"的强大力量感所取代，这种感觉增强了每个学生的归属感。我们无法知道肇事者的真实感受，但我们相信他们很难再向他们的朋友夸耀自己、为自己的行为感到骄傲。

加强警戒性守护

　　正如我们已经提到的，家长的警戒性守护是预防所有年龄段孩子的危险行为最有效的方法。老师的警戒性守护相当于家长在校内的警戒性守护。当老师发出密切关注学生的信号并保持知情的时候，就会减少问题行为的发生，并提高自己的权威。对品行不端的学生加强警戒性守护是一种强有力的做法，尽管会带来非常不愉快的后果，但这与惯常采取的制裁措施所带来的后果截然不同。事实上，要求学生每天放学时去校长办公室谈话，在课间休息时打卡、得到一组老师的签名，尤其是家庭成员被邀请到课堂或课间休息时陪同并不容易。但这种不愉快与常规制裁的不愉快有很大的不同。常规制裁的逻辑是："如果你行为不端，你就会受到惩罚！"当孩子受到惩罚时，隐含的信息是："我跟你说过！"这些信息不仅通过语言，还通过语调和肢体行为传递给了孩子。它们是关于控制的信息。成年人希望通过威胁和惩罚来控制孩子的行为。这样的信息对于一个叛逆的孩子来说是无法接受的。这些孩子会有种感觉：为了尊严，他们别无选择，必须继续他们的问题行为，哪怕为此受到威胁或惩罚。因此，常规制裁的结果常常事与愿违。

令人惊讶的是，同样的悖论也发生在这些孩子因表现良好而获得奖励的时候。也许他们觉得，如果自己因为奖励而改变了行为，就表明他们是可以被成年人"收买"的，所以感到有必要证明自己是不能"被收买的"，是不会被任何方式所控制的。如果不能证明这一点，他们的名誉天平就仍然是倾斜的。有意思的是，这类孩子在受到奖励后经常会觉得有必要恶化他们的行为，或者跟大人讨价还价以表明他们"控制"了这一过程。然而如果大人告诉孩子"我有责任密切关注你，以保证你不会伤害别人，也不会受到伤害！"，则给人的感觉完全不同。这类没有控制性暗示的信息，通常会特别有效。再加上适当的语调和身体语言，可以进一步强调目前采取的行为源自家长的最高责任。没有威胁，也没有指责。大人用他们的声音、身体和语言向孩子宣布:"保护你是我的责任!我不会放弃你!"如果孩子说:"我就是不听!我偏不这样!"大人可以这样回答:"我没有控制你。我不会控制你的手、脚或者嘴巴。我在控制我自己,我有责任采取任何手段保护你,让你不伤害别人和你自己。"

许多家长对这一建议的反应是:"但对他来说,这就像是一种惩罚啊!"确实是这样的,加强警戒性守护对孩子来说确实像是一个不愉快的体验。但成年人的控制点在自己身上,而不在孩子身上。增加"在场感"就是家长在表达愿意为孩子付出的一种承诺,即使孩子嘴巴上强烈抗议,心里也能感受到这一点。成年人愿意更多地"在场"和"参与",愿意为孩子花费更多的时间和精力,才是这里的重点。惯常的制裁就像试图遥控一样,孩子感觉不到被支持,感觉不到成年人的承诺和亲密感。加强警戒性守护带给孩子的感受刚好相反,远远超越惯常的制裁。

我们在上一章中提到的那位瑞士学校的校长给我们讲述了一个与特别暴力和残忍的男孩打交道的案例。这一案例成为这位校长教育方式的决定性经验。这名男孩(10岁)几年前随母亲作为难民来到瑞士。一直以来,大人们都在试图通过奖励和惩罚处理他的暴力行为,却一再失败。很多次的教师会议都在讨论他的问题,老师们投入了大量的时间和精力,但却毫无进展。校长决定换一个方式。她告诉这个男孩:"以后你每天都要在同一时间来找我,让我们做10分钟的谈话。无论发生了什么事，好事还是坏事，我们都可以聊聊。如果我哪天有事碰巧不在，或者没有时间，我会在早上告诉你，学校顾问会替代我跟你谈话。"

孩子对此的反应是明显的不喜欢。最开始的时候，每次都是班主任老师亲自把他送到校长办公室。令她惊讶的是，孩子的行为在第一周就有了改变，他停止了打人和骂人的行为。在接下来的几周里，他也不再以其他方式欺负别人了。六个月后，校长告诉他："我认为问题已经解决了。我们可以停止谈话了。"没想到男孩回答道："你还没有问我是否愿意停止谈话呢！我不愿意！"校长只好继续跟这个孩子进行每天10分钟的谈话，直到他毕业离开学校。

对于大多数校长和老师来说，这样的解决方案可能不切实际。但这个案例，即使不可复制，也说明了加强警戒性守护的深层影响。这个孩子体验到的是监督和持续的支持。当你注意到这个孩子对与校长见面一事态度上的变化时，加强警戒性守护和常规制裁之间的区别就显而易见了。这个最初在他看来是惩罚的会面，后来却变成了他的生命之锚。

我们在前几章里描述了加强警戒性守护的一些实际做法。我们描述了教师如何通过检查家庭作业、在教室里走动加强对学生的日常警戒性守护，如何在走廊和校园里展现警戒性守护，以及如何通过建立有尊重感的报告系统与家长保持联系、联合进行警戒性守护；也介绍了老师和家长如何通过会议做出警戒性守护的共同决定，把家庭带入进来以协助学校对所有年龄段的暴力孩子进行监督。作为重点，我们还描述了"应急小组"的建立，以防止整个学校范围内的危险和威胁行为。所有这些措施都提高了教师的权威，并降低了风险。

在本章中，我们谈论的是如何回应不良行为而不必动用制裁措施。我们想强调的是，加强警戒性守护是一种适当的应对措施，它可以深刻地改变教师的无助感，改变一些孩子自以为可以为所欲为的感觉。从这个意义上讲，加强警戒性守护不仅是一种保护孩子的做法，也是一种权力的传递。甚至可以说，这可能是学校所能做出的最有力、最有意义的反应。加强警戒性守护从根本上改变了问题行为持续发生的条件。同时，教师的地位不仅对问题学生而言得到了加强，也在整个学生群体中获得了提升。

发 布 声 明

"发布声明"（就像我们将在下一节中描述的"静坐"一样）是一种正式的、半仪式化的活动，像其他成人礼一样，宣告一些改变即将发生，比如地位、态度和行为等。因此，发布声明肯定不是一时心血来潮的行为，它需要精心地准备，并且要反映出你所投入的前期准备工作。声明要向所有相关人员显示，工作人员已经做好了准备，权衡了对方可能的反应，并一致支持这项声明中的内容。声明应以口头和书面形式传达。任何试图减少声明的正式性以使其显得更自然和自发的做法都会破坏其效力。那些试图"顺便"发布声明的家长或老师透露出的信息是，他们不敢站在声明的背后，不相信自己有能力创造改变，并且对自己采取权威立场的需求感到难为情。他们试图"表现得自然"，以向孩子表明他们实际上"仍然是他们的朋友"，还跟以前一样是"好哥们儿"，那些事儿都可以通过拍拍背或眨眨眼来解决。这样的做法实际上是告诉孩子和成年人自己，他们正在放弃自己的权威，他们不想担起引领的责任，而更愿意去暗示或者说服。尽管我们强调发布声明的仪式感，但它并不是一场盛大的活动，不需要大张旗鼓地或者用夸夸其谈的语气来发布，那种做法只能降低它的可信度。

声明的发布过程很正式，但也很简单。不需要夸张的姿态、手势或吓人的声调。简单的、有准备的、包容和平静的发布过程是改变发生的最好保证。

公告要使用"我们"句式。这是一个声明，是由有担当的成年人发出的声明，他们决定改变自己对孩子所存在的行为问题的回应。声明中没有"你不能打人！""你不可以顶嘴！"之类的措辞。声明是有担当的成年人发出的单边信息，表达了坚决抵制行为问题的决心，例如："我们将坚决抵制你的任何暴力或羞辱行为。""我们将密切关注你，每周给你打电话，并跟你分享我们的观察结果。""我们将与你的父母保持密切联系，并定期向他们报告你的变化。""我们将不再为此保守秘密，我们会与任何和问题有关的人或可以帮助我们解决问题的人一起分享，并探讨解决方案。"

单边声明的特点是，它总是使用"我们将要……"而不是"你要……"的措辞。它发出的信息是：不必征得孩子的同意，也不期待孩子的同意。声明不是合约。在向孩子口头宣读这一声明后，还会留给孩子一份打印件。不要求孩子同意，甚至不在乎他是否会阅读。即使孩子用扔掉、撕碎或揉碎（有一个学生甚至吞下了他的声明）来表达他们的不满或不屑，这份声明仍然存在。在这种情况下，成年人可以平静地告诉孩子："我们没有期望你的同意！声明只是代表了我们的决定和我们将要采取的措施。我们给你一份是出于尊重，因为我们不想在你背后做什么小动作。我们还会把这份声明送到你的家里，所有的老师都会收到一份。但如果你不想读的话，也没关系，这是你自己的决定。"即使这时候，也不需要使用威胁的语气表示"我在警告你！"。正确的语气是，简单平静地陈述事实。

声明的结尾要用一个积极的信息来结束，表达你对孩子的责任、尊重和关爱，这么做会很有帮助，比如："我们决定这样做，是因为我们不能放弃你！""我们这样做是因为我们关心你，我们必须照顾你！""我们相信你。相信你有能力克服这个问题！"或者"我们无意羞辱你！相反，你的名誉对我们很重要，我们觉得直接坦诚地告诉你我们将要做什么是对你的尊重！"

在宣告仪式结束的时候，要再次强化它的单边性。虽然老师可能会问孩子："你有什么想说的吗？"但绝不要在孩子回答后展开讨论。如果孩子提出新的证据，你应该告诉他："你说的事，我们会认真调查的。但目前我们会按照我们通知你的方式行事，因为这是我们对你和其他学生的责任。"仪式结束时，宣读声明的人要说："我们会密切关注你的行为，并互相通报。这次会议就到这儿，你可以回教室了。"

有时候，孩子的行为在声明发布后并没有立即发生改变，部分原因是他们想显示出，声明对他们没有用。我们应对问题事件的方法是加强警戒性守护，在支持网络中加入更多的力量，利用公众舆论产生影响，并改善各方之间的协调合作。让每一个问题事件都变成一个展示执行公告精神的契机。坚持声明的主张最终会逐渐引发绝大多数学生行为的改变，因为他们感受到了教师地位的变化，体验到了被支持和警戒性的守护，感受到了老师们对他们的关心。

静　　坐

静坐是一种仪式。几位老师一起，有时会邀请家长参与，安静地坐下来表达对孩子破坏性行为的抵制和对改变的承诺。团体静坐的仪式给发布声明增加了一个重要元素，那就是十分钟安静而坚定的力量。老师们静静地坐着，等待孩子给出防止问题再次发生的解决方案。老师们的集体沉默是一个强有力的元素，它将静坐变成与普通的纪律谈话完全不同的事件。几位教师一起静坐在学生面前，彰显的是团结精神，表现出的是决心、自制力和耐心，他们不怒自威，展示出超越旧权威叫喊的力量。静坐的成功与否与不取决于孩子的回应，也不在于孩子是否给出解决方案。无论孩子有没有提出解决方案，老师展示出的在场感都将改变他们的地位。静坐仪式通常会成为教师的决定性体验，标志着他们从孤独、无力、与学生的徒劳争斗中解脱出来。

静坐时至少需要有三名教员在场。家长会事先收到行动通知。教师自行决定是否需要家长在场。为了让准备工作变得简单，在许多情况下只要老师在场就足够了。但在一些特别严重的情况下，则需要做更多的准备，需要更多的人员在场，不仅需要有家长，还需要更多的教员，甚至需要邀请校外人士参与。

在导致静坐事件发生的当天，事件相关的老师应该给家长打个电话，向他们描述所发生的事件以及计划采取的干预措施。即使决定不需要家长参与静坐，也必须把这一决定告知他们，并在静坐后再次向他们报告。以下是一个联络家长并发出邀请的示例：

"最近一段时间里，您的儿子屡屡有暴力行为，我们决定采取静坐行动。我们几位老师将跟他一起坐下来，向他表明我们对暴力行为的抵制，并借此强化他的积极倾向。我们诚恳地邀请您一并加入我们的静坐行动。我们将您视为合作伙伴。您的出现将增加静坐的力量，向您的儿子传达我们团结一致的信息，并增加积极解决问题的可能性。"

老师需要向家长解释"静坐"的流程，强调教师和家长结成统一战线的重要性，并提醒家长，在老师描述了问题之后，会一起有十分钟的沉默，等待孩子给出解决方案。另外需要告诉家长的是，即使孩子没有给出任何建议，静坐也会有效，因为孩子会感觉到老师和家长正在团结一致，坚定地抵制他的问题行为。

应该为静坐行动至少预留出半小时的时间，参与者不得中途退出去处理其他事务或接听手机。参与者要围坐成一圈，而不是成年人坐成一排面对孩子。静坐的带领者应该是那个将继续照顾孩子的老师。以下是一个可能的开场白：

"我们今天之所以聚集在这里，是因为几天前在学校操场上发生的一件事（应该对事件进行简要描述）。我们在这里是为了寻找解决问题的方法，避免此类事件再次发生。我们先请相关人员讲述一下今天发生的事情，以及过往的类似事件（如果有的话）。"

如此，带领者为相关人员提供了发言的机会。一轮发言结束后，带领者可以问问孩子是否有需要补充的部分。通常在第一轮结束之后，有一个阶段性总结。然后，向所有参与者询问这个孩子的积极一面，比如，这个孩子身上有哪些有良好的品德或行为？从而可以对孩子有一个比较平衡的描述。这一轮过后，带领者可以转向孩子：

"我们看到，除了问题行为之外，你也有一些积极的行为。不过，我们今天来到这里是为了解决你的问题行为。因此，我们一起坐在这里，等着你告诉我们怎样才能停止这种行为。我们想知道你有什么建议。"

此时，十分钟的安静等待就开始了。如果孩子没有给出任何解决方案，带领者将在静坐结束时说：

"既然你没有什么提议，我们就自己讨论来决定如何应对你的问题行为，并且与你的父母进行协调。我们会把我们的决定告诉你，你将有机会改正错误的行为。我们会继续地密切关注你，直到问题彻底解决。"

学生们对静坐的反应不尽相同。许多学生只是静静地坐着一言不发，一些学生试图为自己开脱，也有人提出解决方案。但几乎所有的学生都显得很不自在。提出解决方案是能够缩短静坐时间的唯一方法。如果孩子提出了看似可行的解决方案，不需要等到十分钟，带领者可以说："这个点子也许有效！我们会告诉你哪位老师将跟你讨论这一想法！"如果孩子试图解释，为自己开脱，你可以简单地回复："我们正在寻找一个切实可行的解决方案来停止这样的问题行为！"然后继续保持沉默。如果孩子否认事实，你不需要回应，只要默默地等待。如果孩子表现出挑衅性的蔑视，请忽略这种蔑视，继续默默等待。如果孩子出言不逊、指责或行为乖张，不要卷入争论、说教或威胁的漩涡，表现出坚定的在场是对这类挑衅的最佳回应。如果担心会遭遇身体暴力，则不要在没有家长的情况下实施静坐行动。无论何时，孩子一旦有暴力行为，静坐行动即刻停止，同时告知孩子和家长，学校将考虑采取后续措施。在我们过往的经验里，孩子在静坐过程中出现行为不端的现象是非常罕见的。

静坐是一项公开的活动：不仅会向参与者报告，也会向其他学生和成年人广泛报告。有时还可以在学校的通讯报中进行报道（不点名，仅描述问题和事件）。这些宣传行为强调了静坐行动和正常的纪律谈话之间的区别。在纪律谈话中，孩子被邀请到权威人物面前，接受训斥、指责、警告或惩罚。纪律谈话的目的是威慑或说服。如果孩子既没有被吓阻，也没有被说服，那么纪律谈话就失败了。相比之下，静坐是一个标志着全员动员的事件。它的公开性使这一行动不再是一对一的个人行为，而具有了广泛的代表性意义。

谢丽斯（16岁）是一个有天赋并很受欢迎的女孩，她在班级和年级的社交活动中都多有贡献。但是，她经常旷课或早退，有时没到放学时间就擅自离开学校，还对老师们无礼。一位老师看到她站在学校大门的进门处抽烟，请她出去，她不仅不听，还跟老师起了争执。于是，学校决定对她采取静坐行动。静坐在校长办公室举行，参与者有班主任、校长、家长、顾问和两名学科老师。大家围成一圈，等待谢丽斯的到来。谢丽斯进来时，看到这么多的教职人员还有她的父母等在这里，大吃一惊。她被要求坐在事先为她准备好的座位上。老师首先描述了这起事件的始末，并补充道："这是一个严重事件。我们聚到这里是为了找到一种方法阻止这种情况的再次发生。但是首先，如果在场的人有其他问题行为的例子，我们也想听听你们的意见。"一位老师描述了谢丽斯的缺席问题。另一位描述了她的无礼。谢丽斯的父母表示，他们也非常担心孩子目前的状况，愿意尽一切努力找到解决方案。

这一轮结束后，老师转向谢丽斯，问她有什么想说的。谢丽斯摇了摇头。这位老师说，大家所描述的这些事导致了人们对谢丽斯越来越负面的看法，其实据她了解，谢丽斯也有非常不同的另一面。在场的所有人都同意这一说法，并细数起她对班级的贡献。一位老师回忆道，有一次她看到谢丽斯勇敢地站出来为一位被欺负的女孩伸张正义。沉默片刻后，老师转向谢丽斯说："我们很珍视你的贡献。但是我们今天来到这里是为了解决你的问题行为。现在，我们将继续坐在这里，等待你给我们一个建议，告诉我们如何阻止这样的问题再次发生！"说完后，即开始了静坐，没有人再说一句话。谢丽斯低头看着地板，什么也没说。静静地等待了十分钟后，老师问谢丽斯是否还需要思考几天。谢丽斯点了点头。老师总结会议说道："我想，我们都愿意找到一个建设性的解决方案。我们会继续密切关注你，支持你，直到问题解决。"

静坐结束了。谢丽斯和父母一起回到家中，她把自己关在房间里待了很长一段时间。那天晚上，她请父母亲帮助她想一个解决办法。她的母亲建议，他们一起给老师写一封道歉信。谢丽斯同意了。接下来的几周，谢丽斯的行为有所收敛。她逐渐恢复了正常的活动，没有再惹麻烦。两个月后，她告诉她的父母和所有的朋友，她决定戒烟。

杰弗里（5岁）经常在幼儿园袭击和吓唬其他孩子。母亲指责老师不喜欢她的儿子，对孩子冷漠，并说这是造成杰弗里在幼儿园表现不好的原因。她说，杰弗里在家里是一个安静、乖巧的孩子，除了入睡有问题。但自从他的母亲开始给他讲睡前故事，并尝试在睡前握着他的手、抚摸他的脑袋几分钟，这个问题就消失了。她确信类似的方法可以帮助解决孩子在幼儿园的问题。实际上，这个老师并不冷漠，也没有距离感。相反，孩子和家长们都知道她是个很温暖的老师。老师注意到，当她有时间给予杰弗里关注和爱意时，他就会平静下来，还会拥抱她。但只要老师一忙着照顾其他孩子，杰弗里的坏习惯就冒出来了。老师开始自问，杰弗里是否是那种为了引起大人的注意而故意做点儿出格行为的孩子？她开始怀疑自己对待他的方法，甚至在想，对杰弗里这样的孩子，使用传统的权威做法会不会更有效呢？但她又担心这样做会增加母亲的抗拒，反倒会破坏纪律或规则。

咨询了幼儿园的主管后，她们决定采取静坐行动。老师向母亲解释了静坐的干预措施，告诉她这是一个用关爱和关注的方式设定边界的过程。老师还试图让父亲也参加静坐，但他没能参加。尽管如此，老师还是在电话中与父亲谈论了静坐的过程。听到老师的解释后，父亲表示很乐意收到后续的报告。参加静坐的人包括老师、助理老师、孩子的母亲以及幼儿园主管。老师向杰弗里解释了他们为什么要和他坐在一起。她说，他们不会再允许杰弗里动手打或吓唬其他孩子了。助理老师还提到了上周发生的两件事。之后，老师又补充了杰

第六章 超越制裁

弗里和一群孩子玩得很好的故事。老师告诉他:"现在我们要安静地坐在这里,等你好好想一想,告诉我们你要怎么做才能停止殴打和吓唬其他孩子。不管你有什么想法,我们都会认真倾听并且认真对待!"

每个人都开始不说话了。杰弗里感到非常不舒服。他钻到桌子底下,用四肢爬行着,像猫一样喵喵叫着,然后站起来,走到柜子前,开始舔挂在锁上的钥匙。没有人对他的奇怪行为做出任何反应。五分钟后,杰弗里爬到老师的腿上,老师用手臂轻轻地抱住他。在预定的静坐时间结束时,老师问他:"你有什么想法吗?"杰弗里耸了耸肩。老师告诉他:"我们都会关照你的,我们要确保你不再打人。我们每天都会和你妈妈爸爸说说话,特别是当你做得好的时候,因为我相信你会表现得很好!"杰弗里走到她身边,把头靠在她的胳膊上。后来,母亲告诉老师,她注意到杰弗里和她在一起很有安全感,她意识到老师对孩子很温暖,也充满爱意。

在静坐之后的几周里,老师和助理老师加强了对杰弗里的警戒性守护。他的父亲同意,如果杰弗里再惹麻烦,他可以跟孩子通电话。这样的情景后来只发生了两次。其中有一次是杰弗里的祖母亲自来幼儿园直接把他接回了家。杰弗里的暴力行为逐渐减少,不到一个月,这样的行为就完全消失了。

有在场感的停课

"在场感"和"停课",乍看起来是完全不可能同时发生的两件事。停课,是一种惩罚,孩子回到家中与老师没有接触,意味着放弃"在场感"。尽管"停课"有这样明显的缺点,但在现实情况下,大多数的学校还必须保留这一措施,把它作为处理暴力行为或其他严重干扰学校正常运作等行为最重要的制裁措施。认识到学校不能完全放弃停课措施,我们特意制定了一个"有在场感的停课流程",克服了通常意义上的停课带来的无接触的困扰,把停课变成一种展示"不一样的在场感"的机会。依照这一流程,学校可以在停课前、停课期间和停课后与学生和家长保持一系列的接触。做到这些需要付出努力,但我们相信这些努力是值得的,而且已经证明,从长远来看这些努力是很划算的。

做出停课决定后的第一步是给家长打电话。这一点很重要,一定不要在与家长谈话之前对学生实施停课措施。谈话的目的是向家长澄清,学校的这个停课流程将伴随着密切监督,即使在停课期间,孩子也依然是学校的学生。老师应该把家长看作合作伙伴,而不是控告的对象。任何愤怒或指责的语气都会引发家长负面的回应。谈话结束时,需要让家长清楚地了解这个加强版的停课过程,并发给他们一份书面文件。

按照这个流程,学校要在停课期间的每一天跟与家长和学生保持联系，把家长当作孩子在家期间的监督者和支持者。班主任必须每天向给孩子发送课堂学习材料和家庭作业。整个停课期间，家长中至少有一人要待在家中陪伴孩子。如果做不到，则建议家长中的一方带着孩子一起去上班，让孩子在那里做功课。或者，请其他的家庭成员在家中陪伴孩子。孩子要像正常上学日一样按时起床。学校必须保证把当天的学习材料送按时达到孩子手中，家长必须确保他们的孩子完成学习任务。如果家长能力有限、做不到这些，学校应提供上门服务。要提醒家长注意，务必防止学生把停课变成休假。老师要在每天的电话联络中询问孩子的情况，并告诉孩子当天在学校发生的事情。对话的目的是显示"在场感"。不需要在电话里重复提及导致孩子被停课的事件。停课处罚结束后，家长应该带着孩子来学校开一个简短的会议，作为孩子重新入学的标志。

返校当天，学生应该在一位或两位家长的陪伴下提前15分钟到学校与老师见面。学校要提前获知是哪一位家长陪伴。如果父母双方都无法陪伴，可以请另外的家庭成员陪伴。如果学校能够遵循流程工作，在整个停课期间与家长保持积极的联系，家长的合作程度应该会更高，亲自陪伴孩子返校的可能性会更大。会议期间要问问学生对返回学校上学的感觉以及重新回到课堂是否有什么困难。如果学生是因为与其他学生或老师发生冲突而被停课，学校应努力帮助他们化解冲突。"有在场感的停课"是一个需要向学校报告的公开事件。以下是学校通讯报中的一个报告示例。

"一名八年级的同学用火烧了另一名同学的头发,并给她的运动衫烧出了一个洞。全体八年级的班级因此停课,在老师的组织下一起讨论了这一行为的严重性。该生已承认了自己的过错,并向女孩道了歉。同时,该生被罚停课两天,并被要求支付新运动衫的费用。按照本地法律,任何使用武器的暴力案件都需要向警方报告,因此该事件已在警察局和教育委员会做了备案。"

"有在场感的停课"是一种态度,它在传统的惩罚和新权威主义之间架起了一座桥梁。一些教师对这一做法感到犹豫不决:传统的停课惩罚,简单粗暴,不需要花费更多的时间和精力,可以直接摆脱难缠学生带来的负担,至少可以"清静"几天,而我们提供的这个流程需要班主任和其他学校工作人员的持续参与,保持跟学生和家长的接触,努力让"难搞的家长"加入进来成为合伙人,并要求家长在可能感到被冒犯的事情上按照学校的要求与学校保持密切合作……这些都是非常重要的保留意见,我们愿意在此做一个详细的讨论。

是的,"有在场感的停课"需要付出努力。它要求学校与家长进行初步接触;需要设计好流程,让学生知道课堂进度和学校里的事,并监督他们的学业表现;要保持每天的电话联系;而且要在学生返校的当天召开一次重新入学的见面会……这种做法可行吗?或者是合理的吗?要回答这个问题,我们必须检视一下旧式的停课流程:学生被直接送回家,再发给家长一份简短的停课通知。这一流程的后果是众所周知的：学校与家长的关系受到伤害、与学生的疏远感加剧，孩子不上学的时间被不健康的休闲活动所填补，学生身份被大大削弱。停课后返回学校的孩子是一名极有可能继续跟老师和同学对抗的学生。不仅什么都没有解决，问题还会变得更糟。我们必须修正这一程序，将损害降到最低。

我们理解，实施这种"有在场感的停课"需要付出很多努力，对学校来说并不容易，只能谨慎地付诸行动。但经验表明，当学校有了新权威主义工具时，使用"停课"作为解决方案应对严重纪律问题的必要性其实会大大降低。当学校里的老师们能够熟练地利用"在场感"，使用声明、警戒性守护、公众舆论、补偿和静坐等方式时，其实很少需要采取停课这样的处罚措施。但如果感到需要选择停课作为惩罚，老师们会自然而然地强化这一流程。其结果必然与普通的停课不同，与家长的关系将较少受到伤害，有时甚至会因实施"有在场感的停课"所必需的接触和沟通而有所改善。孩子的学生身份绝不会因停课而被减弱，相反，他们会发现，"即使不来上学，自己也还是学生"。孩子和学校之间没有疏远，反而有一种被支持的感觉，感受到"在场感"。因此我们相信，这一切的收获给了我们足够的理由去付出额外的努力。

本 章 总 结

新权威主义提供了一系列的应对手段，加强教师的地位并改变学校的特质。这些措施超越了制裁，因为它们并不局限于试图阻止或控制学生的不良行为。当老师遇到学生的问题行为时，不是简单地问出"我怎么让他们知道不可以再有这样的行为了"，而是在更高的层次上问出一个更有价值的问题："我们怎样才能坚定地抵抗这样的问题行为？怎样才能变得更强大？怎样才能像一个团队一样工作？怎样才能表现出'我们记得'？表现出我们的坚持不懈以及警戒性守护？"自我控制、记录和共享经验、加强警戒性守护、补偿行为、公告、静坐和"有在场感的停课"等工具赋予了学校和老师比常规制裁更强大的能力。熟悉的制裁措施并没有完全消失，但是有了更多的分量和意义。这一切将学校变成了一个有凝聚力的和开放的社区，为学生们创造了强烈的归属感。

提　　示

- 当你觉得"我们的制裁力度不够"时，请记住你还有一系列强有力的应对措施。

- 自我控制可以传递力量。它表明老师不是鲁莽的，而是有计划的，有记忆的，和坚持不懈的。当受到学生的挑战时，请谨记以下原则："趁冷打铁"，"你不需要赢，只要坚持！"以及"错误是不可避免的，但是可以纠正的！"

- 记录和分享会令你的应对引发广泛的反响。你的应对不再像是一个孤独的咏叹调，而是一个大合唱。

- 我们从未见过哪个学生不在乎公众舆论。

- 加强警戒性守护不是惩罚，但是比任何惩罚传达的信息都更强烈。

- 要求补偿不是软弱的请求，而是一种有力的姿态。

- 补偿的要求并不总能立即得到结果。但补偿的选择仍然开放，许多学生迟早会用到这一选项。

- 发布声明和静坐行动是一种传递信息的仪式，它是一个总动员，标志着一种新的对抗问题行为的立场。这些仪式给老师带来的改变与给学生的一样多。仪式的成功与否并不取决于学生的反应，而是取决于教师自己的立场。

- 惯常的停课是一种隔绝式的惩罚。"有在场感的停课"是一种有"在场感"和包容的惩罚。"有在场感的停课"流程使其超越了制裁的意义。

总结　如何实施

老师们经常问我们："该怎么开始呢？""怎么能找到时间来实施呢？""如果其他老师不仅怀疑，还批评这一做法时，我该怎么办？""'旧式权威'必须废除吗？"

如何开始呢？

在这本书里，我们提出了可以在不同层面采取的行动。即使是单独一位老师也可以做些事情来提高他的地位和应对能力。在我们描述的那些做法中，有一些做法是可以由老师单独实施的，而且能够大大增强老师在学生、班级和家长心里的"在场感"。老师可以通过在教室里巡视、检查作业、对挑衅的学生表现出坚定的态度，以及与家长建立联盟来增强他的权威感。同时，任何一位老师都可以通过向同事寻求支持或者为同事提供支持来激发他们一起工作的兴趣，增强合作的能力。班主任老师是一个独特的角色，非常容易获得家长和同事的支持。因此，班主任老师通常是发起包括学科老师乃至整个家长群体全员行动的最佳人选。而这些举措也会影响到整个班级的氛围。在一些尝试该方法的学校里，我们与老师合作的举措不仅影响到他们自己的班级，也影响到更多的老师和班级，因为这些老师确保工作协调一致，分享自己的做法，激发同事的兴趣。因此，不仅本班级的学科老师学到了新权威主义的理念，其他班级的老师也受到了影响。

校长们可以从新权威主义的实施中获益良多。当校长决定在本校采用这种方法时，会更容易在全校范围推动它的落实，因为校长可以为全体教职工制订培训计划，并为整个学校制定政策。校长直接参与推广落实的方式之一是"广泛报道"，这可以显著改善实施的效果。由于新权威主义的许多活动都发生在公共领域内，广泛报道不仅能够增加传播，而且对新权威主义的落地生根也至关重要。这种做法还有助于摆脱"隐私本能"的限制，将本应属于公共领域的事务交还给公众。校长则是这一过程中的关键人物。他不仅向所有校内参与应对重大挑战的人进行通报，还能引起其他社区参与者的兴趣，感召他们的加入。

推广新权威主义最有效的代理人是那些在整个学校层面提供服务的专业人士，比如学校顾问或学校的心理医生。他们在系统中的独特角色让他们有更全面的视角和一些新想法，可以在建立支持网络方面发挥重要作用。学校顾问或心理医生与校长的配合能够为成功实施这一项目创造最佳条件。在许多地区，学校顾问和心理医生都是推动这一方法的先驱者。他们的动机部分来自想要克服个案诊断和咨询的限制以及扩大个人影响力的愿望。新权威主义给了他们开拓工作的工具，让他们相信他们可以做到。他们位于校长、老师、家长和学生中间的这一独特的角色为他们提供了独特的选择。难怪许多参加新权威主义培训的专业人士都是教育顾问和心理医生。

没有时间实施怎么办？

新权威主义给人的第一印象是，各种工具的使用非常耗时，在学校的日常运作中几乎是不可能实施的。也许是那些例子的做法详尽而周全误导了人们，真实生活中的大多数干预措施其实只动用部分的工具，无需花费太多时间和精力即可实施。例如：1. 成功处理暴力事件后，向整个班级报告处理过程，一些更严重的案例可以在学校网站上发布；2. 老师与某个学生发生了矛盾，可请另外一位老师出面与学生交谈，让学生们感受到老师们作为团队的合作；3. 家校外交，以最小的努力创造"宽大的肩膀"。

这些行动的要求并不高，却显著地增加了教师的影响力。我们在这里看到的是，较小的努力产生了很大的影响。

提出"没有时间实施怎么办？"的问题其实跟压力感有关，这种压力感也是教师职业倦怠的主要原因之一。运用新权威主义的原则可帮助"心烦意乱"的校长和教师减少因紧迫感而带来的不知所措。延迟原则有助于缓解时间方面的压力，它不是通过拖延，而是把时间化作力量的来源。事实上，"没时间"并不是一个客观事实，它是一种主观感受，是一种当我们感到要被迫做出紧急反应时产生的感觉。我们的研究在这个问题上得到了富有效益的结果。家有患严重多动症儿童的家长会持续地体验到一种"被烦扰"的感觉，感到自己仿佛被卷入了一个无休止的漩涡中，被一件又一件的事情推来搡去地裹挟着。在与这些家长的合作中，新权威主义帮助他们减少了"被烦扰"的感觉。家长们不仅能够设法让自己摆脱被烦扰的感觉，还成了孩子们生命中的锚。他们惊讶地发现，新权威主义的干预减少了他们的压力，减轻了他们的受害者心态。合理分配时间的投入被证明可以有效地减少关于时间方面的压力。

尽管在大多数情况下都可以选择性地使用新权威主义的工具，但在某些情况下有必要启动一个"全方位"的行动，即启动一个可以调集所有要素进行干预的行动。比如，在遇到威胁整个班级的挑战时，即可使用全方位的干预；或者作为全员培训的一部分，为了让教师了解该方法的全部潜力，启动一次全方位的干预行动也是不错的选择。全方位行动的优势在于它能展示该方法的所有重要元素，使其成为向新时代和新气象过渡的标志性事件，存留在集体记忆中。

老师心存疑虑怎么办？

将这种方法引入一所新学校总免不了会遭到他人的质疑。就像季节性的时尚一样，各种新理念和新方法也在不间断地推送给学校的教师。老师们都很清楚，一个新方法往往也意味着一些新要求，但从他们的角度来看收效甚微。因此，许多教师养成了一种"爱谁谁"的态度，他们知道很多的时尚不过是流行一时罢了。因此，一些教师以同样的心态看待新权威主义是很自然的一件事。

但新权威主义与大多数为学校提供的创新方法之间存在的一个关键差别是：新权威主义将教师的利益和地位放在中心位置。从新权威主义的视角来看，学校不是一个以孩子为中心的圆圈，而是有两个中心的椭圆：教师和孩子。当我们向老师（和家长）介绍这种方法时，我们会大大方方地说："这种方法的目的是为了给你赋能，增强你的力量。它的目的是让你感觉不那么孤独，受到更多的支持和保护，更少倦怠感，并且让你在工具箱里获得更多的选择。你可以自己判断是不是这样的。"当然，心存疑虑的老师也会对这种说法表示怀疑，他们对空洞的承诺持谨慎态度是有道理的。因此，举证的责任应该在我们这里。如果我们不能交付好的产品，如果老师们感觉他们的生活和绩效没有改善，我们就必须努力找出我们在哪里出了问题，哪里必须改进，从而让老师们能够从这种方法中获得真正的好处。

有时，使用该方法效果不佳是因为老师没有正确地实施。在这种情况下，我们会问："他们需要什么样的支持才能更好地实施呢？"这也是我们与家长合作的方式。当家长无法实施这一方法时，我们不会认为他们没有动力或抵触，而是自问，"他们需要什么样的支持才能更好地实施？"这样的结果是众所周知的：家长们参与这样的新权威主义方法辅导的退出率是最低的。我们确信在学校也是一样，因为我们的研究已经证明，当新权威主义在学校得以有效实施的时候，教师的职业倦怠感会显著降低。

"旧式权威"必须废除吗？

在最初推广新权威主义的时候，我们犯了"热情的传教士的通病"：我们认为我们传递的是真理，必将取代从前的一切，"新约圣经"将彻底代替"旧约"。有时，我们发出的信息仿佛在说"'旧权威'已死！新权威主义万岁！"，这样的信息令许多老师反感。他们问自己："那么，我们迄今为止所做的一切都是错的吗？我们所有的经验都没有价值了吗？"花了一段时间，我们才意识到，只有尊重每一位教师所积累和发展出的经验智慧，新权威主义才能扎根和成长。老师们的成就太珍贵了，怎么能轻易丢掉！认识到这一点改变了我们的观念，我们把新权威主义视为现有方法的一种补充而非替代，旨在为老师们赋能，提供支持，并为那些历经时间考验的工具增加分量。新权威主义尤其适用于那些被认为教师根基不稳、联盟薄弱、习惯的应对措施经常导致冲突升级或相反结果的地方。在那些情况下，老师们可以获得新的选择，从而逐步改变他们的惯常思维和应对方式。因此，我们说，教师的权威将在新权威主义的加持下"再生"，而不是"新建"。

在这一方法的完善过程中，我们很高兴地发现了一些很好的案例，一些老师自发地凭借自己的教育智慧，实施了与这一方法相似的解决方案。我们发现，我们的主要贡献是系统性地阐明和澄清已有的智慧。那么，新权威主义"新"在哪里呢？也许"新"在我们头脑中关于权威观念的改变。通常，当人们提到权威时，会立即联想到旧时代的权威，因为那是最常见和最熟悉的模式。"权威"一词在我们的脑海中出现的是陡峭而咄咄逼人的等级，而新权威提供的是另外一幅画面。

这幅画面很重要，因为我们是按照我们脑海中出现的画面和模式行事的。新权威主义的那些新特点也是经过检验的。我们遇到过一些践行新权威主义的教育工作者，他们并不认为新权威有什么特别之处，更不用说有什么创新了。他们认为这只是作为家长、老师和校长的最佳行事方式罢了。事实上，真正的智慧不需要不断创新。一位伟大的教育家被批评没有新想法时，他对批评者说："我关心的是人们几千年来一直在思考的问题。如果我对这些问题有了新的想法，那很可能是一个糟糕的想法。"

Courageous Teachers: Developing a New Authority to Cope with Violence and Chaos by Haim Omer

Copyright © 2021 Haim Omer

Simplified Chinese edition copyright © 2023 Huaxia Publishing House Co., Ltd.

All rights reserved.

版权所有，翻印必究。

北京市版权局著作权合同登记号：图字 01-2022-2361 号

图书在版编目（CIP）数据

做勇敢的老师/（以）哈伊姆·奥梅尔(Haim Omer)著；（芬）李红燕译.--北京：华夏出版社有限公司，2024.1

书名原文：Courageous Teachers: Developing a New Authority to Cope with Violence and Chaos

ISBN 978-7-5222-0562-5

Ⅰ.①做… Ⅱ.①哈… ②李… Ⅲ.①教育工作 Ⅳ.①G4

中国国家版本馆 CIP 数据核字(2023)第 183040 号

做勇敢的老师

著　　者	［以］哈伊姆·奥梅尔
译　　者	［芬］李红燕
策划编辑	王凤梅　卢莎莎
责任编辑	王凤梅　卢莎莎
责任印制	刘　洋
出版发行	华夏出版社有限公司
经　　销	新华书店
印　　刷	三河市万龙印装有限公司
装　　订	三河市万龙印装有限公司
版　　次	2024 年 1 月北京第 1 版　2024 年 1 月北京第 1 次印刷
开　　本	710×1000　1/16 开
印　　张	13.25
字　　数	138 千字
定　　价	59.80 元

华夏出版社有限公司　地址：北京市东直门外香河园北里 4 号　邮编：100028
网址：www.hxph.com.cn　电话：（010）64663331（转）

若发现本版图书有印装质量问题，请与我社营销中心联系调换。